Esther Pedraza
Almudena Díaz-Miguel

Gatos

Los felinos que dominan el mundo

LIBROS
EN EL
BOLSILLO

© Esther Pedraza, 2023
© Almudena Díaz-Miguel, 2023
© Editorial Almuzara, S.L., 2023
Edición en Libros en el Bolsillo, enero de 2025
www.almuzaralibros.com
info@almuzaralibros.com
Síguenos en redes sociales: @AlmuzaraLibros

Libros en el bolsillo: Óscar Córdoba
Edición: Ángeles López
Impreso por LIBERDÚPLEX

I.S.B.N: 978-84-10354-16-6
Depósito Legal: CO-1617-2024

Código IBIC: WNGC
Código THEMA: WNGC
Código BISAC: PET003000

Editorial Almuzara
Parque Logístico de Córdoba. Ctra. Palma del Río, km 4
C/8, Nave L2, nº 3. 14005 - Córdoba

Impreso en España - *Printed in Spain*

Para Alejandro, mi gato inteligente,
y para Domingo, por creer en mí y
acoplarse a mis locuras sin dudarlo.
Para todos los «don Gato» de la calle
que suben a mi terraza demandando
comida, cariño y respeto, y por supuesto,
para todos los humanos gatunos
que les hacen la vida más digna.

Esther Pedraza

Para Tane y Toni que nunca supieron
que tenían una niña con alma gatuna.
Para Elsa, la leona de mi vida que
me regaló un cachorro maullador;
para David que me ronronea el corazón
y para Marcelo el guardián
de los sueños gatosphericos...

Almudena Díaz-Miguel

ÍNDICE

Estatua egipcia de bronce de gato sentad, del período tardío de Egipto. Entre c. 664 y c. 350 d. C. Walters Art Museum

I

PINTARSE LOS OJOS DE GATO Y VIVIR COMO UN FARAÓN

En la antigüedad los gatos eran adorados como dioses;
ellos no han olvidado esto.

Terry Pratchett

En el misterioso y antiguo Egipto, alrededor del año 3000 a. C., los gatos desempeñaron un papel sagrado y venerado. Fueron los egipcios quienes los domesticaron por primera vez y los elevaron a un estatus divino. Vamos a sumergirnos en esta intrigante cultura para explorar su fascinante relación a lo largo de la historia.

Los gatos ocuparon un lugar destacado en la vida cotidiana de los egipcios, protagonizando múltiples roles. Eran apreciados por su eficacia en la protección de los graneros, la eliminación de roedores, la defensa contra alimañas como serpientes y escorpiones y también como compañeros de los seres humanos.

Pero la veneración por estos animales no se detuvo en

sus habilidades prácticas. Comenzaron a aparecer en textos religiosos, incluyendo el famoso Libro de los muertos, donde no sólo elogiaban sus cualidades como cazadores y compañeros, sino que también se les atribuía un papel divino.

Para los egipcios, el gato encarnaba la esencia de Ra, el dios solar que salvaba a Egipto y al cosmos entero del mal y la destrucción. Durante la noche, el gato-Ra se enfrentaba a Apep, una serpiente que simbolizaba el caos y la muerte. Este enfrentamiento era crucial, ya que, durante el día, Ra (el sol) proporcionaba luz, calor, vida, fertilidad y equilibrio a Egipto. Era representado como el escarabajo sagrado Khepri, quien empujaba al sol a través de la bóveda celeste.

Sin embargo, al atardecer, y después de que el escarabajo depositara el sol detrás de las montañas, Ra emprendía un viaje nocturno a través del inframundo en una barca llamada «barca solar». Durante este viaje, se enfrentaba a numerosos peligros y enemigos, siendo el más temible de todos Apep, la serpiente del caos y la muerte.

Para derrotar a Apep, el dios del sol se transformaba en un gigantesco gato, conocido como el Gran Gato, y libraba una batalla feroz con la serpiente. El gato vencía, Ra volvía a ser el sol y la serpiente regresaba con una nueva cabeza dispuesta para luchar cada noche.

La representación del Gran Gato como un defensor del bien y un luchador contra el mal en la mitología egipcia era un tema recurrente en varias obras y textos religiosos de la época. Los templos de Amón-Ra, ubicados en Luxor y Karnak, recitaban diariamente el *Libro del derrocamiento de Apep*, que incluía referencias al mítico felino. La lucha del Gran Gato contra Apep, especialmente cuando esta serpiente se convertía en Rerek, un monstruo de muchas cabezas que podía causar eclipses, era vista como un acto heroico para preservar el equilibrio del universo.

Una de las momias de gato descubiertas en Saqqara en 2018 dentro de su sarcófago y embalsamada como un humano. Uno de los gatos sagrados del templo en honor a la diosa Bastet

Cuando el sol tomaba la forma de un felino se le llamaba Miuty, derivado de la palabra egipcia antigua *miu*, que significa «gato». Esto resaltaba la estrecha conexión entre los gatos y el sol en la cultura egipcia. Los gatos eran considerados los más leales defensores del sol y guardianes de la luz y la armonía.

Horapolo, un influyente sacerdote egipcio del siglo IV d.C., menciona que en la ciudad de Heliópolis se adoraba al sol bajo la forma de un gran gato macho. Esta veneración por estos seres mágicos se relaciona con su condición como miembros de la familia de los felinos, donde se incluye a la leona Sekhmet, una deidad de gran relevancia en la mitología egipcia.

30.000 MOMIAS DE GATOS VIAJAN A EUROPA

La devoción de este fascinante pueblo por los gatos se constata en numerosas obras de arte y estatuillas que se han conservado hasta el día de hoy. Estas representaciones solían mostrarlos en una variedad de poses, a menudo con una actitud majestuosa y elegante, reflejando su condición sagrada en la sociedad egipcia.

Algunas de las obras de arte más destacadas que reflejan la importancia de estas criaturas en su cultura se hallan en las estatuas de Bastet. La diosa, a menudo representada con cuerpo de mujer y cabeza de gato, era una figura central en la religión egipcia y simbolizaba la protección, la belleza y la maternidad.

En yacimientos arqueológicos como Saqqara, al sur de El Cairo, se descubrieron siete tumbas que contenían momias de gatos, así como momias de otros animales. Los hallazgos, producidos en 2019, pertenecían a diferentes épocas faraónicas, y resulta curioso comprobar el cuidado que pusieron para momificarlos y enterrarlos. Encontraron decenas de momias de gatos, momias de escarabajos y otras estatuas de madera que podemos ver en el Museo Arqueológico de El Cairo.

Mires donde mires, encuentras el amor egipcio a los gatos, y otro ejemplo es la Gran Esfinge de Giza, que nos mira desde un rostro humano sobre el cuerpo de un felino, un detalle arquitectónico que añade un toque de misterio a esta joya del valle del Nilo.

Pero eso no es todo: en las excavaciones de las antiguas ruinas de Tell Basta, ahora conocidas como Bubastis, se ha hecho un asombroso hallazgo al descubrir un vasto cementerio de gatos momificados. Lo sorprendente en estas tumbas radica en que las momias animales fueron sometidas al mismo proceso de embalsamamiento que las humanas, tras lo cual fueron cuidadosamente envueltas con sus patas reposando en posición de descanso y enterradas junto a cuencos de leche y objetos que aseguraran su bienestar en la otra vida.

La diosa Bastet, con cuerpo de mujer y cabeza de gato, era la personificación de los aspectos benevolentes del sol y la diosa femenina que representaba la calidez del hogar y la vida familiar. Las mujeres la veneraban. Estatua de bronce, del período tardío de Egipto (664–30 d. C.). Metropolitan Museum of Art

Cuando un gato fallecía, se desataba una verdadera tragedia en el hogar. La familia se vestía de luto, afeitándose la cabeza y las cejas como signo de duelo. El felino se momificaba y era enterrado en prestigiosas necrópolis gatunas, como la que fue descubierta en 1888 en la ciudad de Beni Hasan, donde se encontraron aproximadamente 300.000 momias de gatos, algunas de ellas guardadas en pequeños sarcófagos con su propia forma.

En los últimos años del siglo XIX, las momias se volvieron objetos muy codiciados y los exploradores de tumbas que se toparon con este impresionante hallazgo creyeron haber encontrado un auténtico tesoro. Más de veinte toneladas de gatos momificados fueron transportadas en barco hacia Liverpool, donde fueron subastadas y, tristemente, terminaron siendo utilizadas como fertilizante en los campos ingleses. ¡Un auténtico sacrilegio para estas semidivinas criaturas!

Las curiosidades sobre los antiguos egipcios no terminan aquí. Creían que los gatos al dormir en círculo o en ovillo simbolizaban la eternidad y la sabiduría. Estaban convencidos de que los ojos de estos animales reflejaban el poder y la luz del sol en la Tierra durante las horas de oscuridad, protegiéndonos así de la noche eterna y ahuyentando la mala suerte. Con el tiempo, al notar la excepcional visión nocturna de los gatos y el notable agrandamiento de sus pupilas, los vincularon directamente con el sol y la luna, los ciclos de la Tierra y las mareas.

Por esta razón, las mujeres egipcias emulaban los ojos felinos al aplicar marcadas líneas de kohl alrededor de los suyos, rindiendo homenaje a estas criaturas, que habían alcanzado un nivel casi divino en su cultura.

EL BIEN Y EL MAL EN UNA DIOSA GATA

La cultura egipcia supo mostrar con lucidez la doble naturaleza felina en dos de sus diosas: Bastet y Sejmet.

Existen dos teorías en torno a estas diosas: una sostiene que son dos entidades distintas, mientras que la otra argumenta que se trata de una única divinidad manifestándose en diferentes aspectos de su carácter.

Bastet se solía representar en forma de un gato doméstico o como una mujer con cabeza de gato negro, luciendo un arete en la oreja y un impresionante collar en el pecho. A menudo, se la mostraba cubierta con una capa y sosteniendo el *ankh*, la cruz egipcia que simboliza la vida. En otros casos aparece con una canasta repleta de gatitos, encarnando así la faceta de la diosa relacionada con la creación, la protección del hogar y su carácter pacífico. Era la Señora del Este, la región donde nace el sol.

Las mujeres portaban amuletos de Bastet durante el embarazo para solicitar su protección y asistencia durante el parto, ya que personificaba los aspectos benevolentes del sol, como la calidez, la vida familiar, y también estaba asociada a la luna.

La antigua ciudad de Bubastis, hoy conocida como Tell Basta, estaba dedicada al culto de Bastet y de allí provienen los cientos de gatos momificados que ya hemos mencionado. Estos felinos eran criados en los templos en honor a la diosa y algunos historiadores consideran este culto pagano como un antecedente de la veneración a la Virgen María en el cristianismo.

Sejmet se representa como una mujer con cuerpo humano y cabeza de leona, adornada con una melena que culmina en un disco solar. Es la diosa de la destrucción, la guerra y la venganza, una entidad feroz y violenta que velaba por la protección de los faraones en el campo de batalla. Mientras que Bastet reinaba en el este, Sejmet dominaba el oeste, donde el sol se oculta al final del día.

Las leyendas cuentan que la ira de Sejmet era temible, pero si lograba ser aplacada les otorgaba a sus devotos el poder sobre sus enemigos y la vitalidad para vencer la debilidad y la enfermedad, ya que también era considerada una diosa de la curación. Los sacerdotes realizaban rituales diarios ante diferentes estatuas de esta deidad para calmar su furia, lo que explica por qué existen numerosas imágenes de ella. En el templo de Amenhotep III, por ejemplo, se conservan más de 700 estatuas.

Una antigua historia nos relata que fue enviada a la Tierra por su padre, Ra, para castigar a la humanidad impía. Sin embargo, en lugar de atacar sólo a los malvados, desató una matanza generalizada. Ante la amenaza de la destrucción total del ser humano, Ra envió a Thoth, el dios de la sabiduría, para calmarla. Thoth inventó la cerveza y la tiñó de rojo con una flor. Sejmet, al creer que era sangre, bebió en exceso y cayó dormida. Cuando despertó, había transformado su ferocidad en la forma más apacible de Bastet, con cabeza de gato.

Esta transición de una diosa a otra caló profundamente en el pueblo. Incluso después de la conquista romana de Egipto y la llegada del rey persa Cambises II en el año 525, la adoración a Bastet persistió. Cambises II utilizó estratégicamente a los gatos como escudos vivientes, consciente de su importancia para los egipcios, quienes se abstuvieron de repeler la invasión para no dañar a sus amados felinos.

Los antiguos egipcios atribuían su impresionante desarrollo tecnológico y científico, su riqueza y la capacidad de mantener un ejército protector frente a invasores extranjeros a su exitosa agricultura. Sin embargo, también afirmaban que nada de esto habría sido posible sin el gato, que vigilaba y protegía sus cultivos, cosechas y graneros.

El gato mau egipcio tiene como particularidad que en la frente se le forma el dibujo de un escarabajo

En una nota más personal, se cuenta que Cleopatra tenía un gato llamado Mau, un felino de origen africano que llegó a Europa en 1950 gracias a la princesa Natalia Troubetskoy, quien lo llevó desde El Cairo. A finales de esa década, se reconoció oficialmente como una raza. El mau tiene un pelaje moteado en tonos ahumados, plata o bronce, y su pelaje de textura fina y sedosa. Mau, que en egipcio significa «gato», se consideró la encarnación felina por excelencia en la época de los faraones.

Lamentablemente, los egipcios actuales no mantienen el mismo nivel de aprecio por los gatos. Por lo tanto, ¿por qué preocuparnos por otros asuntos cuando existen evidencias de que los egipcios enseñaron a los gatos a dominar el mundo?

*Un policía detiene el tráfico para que una gata pueda cruzar
con sus gatitos en la ciudad de Nueva York, 1925*

II

MIL Y UN GATOS EN LA CIUDAD DE *CATWOMAN*

Si el hombre pudiera ser cruzado con un gato,
mejoraría el hombre, pero deterioraría el gato.

Mark Twain

Nueva York, la ciudad que nunca duerme, brota como un coloso de acero y sueños en la costa este de los Estados Unidos. Sus rascacielos son como gigantes petrificados que desafían el tiempo y la gravedad. Cada uno de ellos es una torre de Babel moderna que alberga en su seno miles de historias, miles de vidas que se mezclan en un ritmo caótico de ambiciones y esperanzas.

Pero la ciudad, que creció rápido y de forma sorprendente, fue antes más abarcable y guarda tesoros entre sus páginas vividas a través de la relación entre los animales y los humanos que siguen emocionándonos.

En 1899, tras la victoria del comodoro Dewey frente a la decrépita Armada española, la ciudad de Nueva York decidió festejar su llegada con la construcción de un arco de triunfo y una columnata en la Quinta Avenida que llevaría su nombre, Dewey Arch.

Ante la falta de tiempo para realizar el gran monumento, optaron por levantarlo primero en cartón-yeso para, una vez llevada a cabo la celebración, construirlo en algún material más resistente y noble.

Tras los actos, el arco comenzó a deteriorarse y aparecieron grandes agujeros en su base, circunstancia que una preciosa gata gris, a la que llamaron Olympia, aprovechó para instalarse y ampliar su familia.

El *New York Herald* fue el primero en hacerse eco de la historia de la familia gatuna cuando, dos semanas antes de Navidad, unos taxistas que trabajaban en la puerta del hotel de la Quinta Avenida descubrieron la camada. Los comerciantes de la calle les acercaron mantas y una cama para que estuvieran protegidos del frío, y el personal del hotel les llevó comida de su sofisticado menú.

Tanto la policía como los taxistas acometieron la misión de proteger a madre e hijos de curiosos y gente que quería raptar a los cachorros. El día de Navidad les proporcionaron una magnífica cena digna de un marajá, y *The New York Times* explicó que probablemente fuera la gata más feliz de la ciudad con tantas atenciones.

Nueva York ya entonces era la ciudad donde de cualquier situación se hacía negocio y un hecho que había movilizado a tanta gente era una gran oportunidad. Los cachorros de Olympia fueron adoptados por sus cuidadores, lo que no impidió que un avispado se hiciera con un buen puñado de dólares a costa de ellos. El ingenioso ciudadano mandó a sus hijos que recorrieran las calles de la Gran Manzana y recogieran todos los gatitos bebés que encontraran. Se cuenta que los vendía a un dólar, asegurando que eran los del Dewey Arch, y que, al menos, vendió la friolera de medio centenar.

Mas allá de la estafa, si esto fue cierto habría que agradecerle a este «buscavidas» que sacara tal cantidad de gatos de las calles dándoles la posibilidad de vivir en confortables casas.

Estas historias muestran la relación mágica que existió desde el siglo XIX entre gatos y ciudadanía, una relación que vamos a conocer introduciéndonos en el laberinto de calles que componían los muelles del puerto neoyorquino.

Cuando el siglo XIX daba sus últimos coletazos, el Brooklyn Navy Yard desempeñó un papel singular como suerte de estación de acogida y partida para las leales mascotas de los buques de guerra estadounidenses. Gracias al antiguo diario de un marinero, se pudo rescatar del olvido a dos de las criaturas que sobrevivieron a la trágica explosión del USS Maine en el puerto de La Habana, en el lejano año de 1898.

Tom, un felino atigrado, y Peggy, una fiel perrita de raza pug, formaron parte del selecto grupo de los noventa y un tripulantes que lograron sobrevivir a tan funesta jornada. Tom había nacido en el astillero naval en 1885. Tenía la mirada indomable y gozaba de un profundo respeto entre los marineros. Aunque inició su carrera profesional en el USS Minnesota, su destino le llevó al USS Maine cuando uno de sus superiores fue destinado a este barco. Tom, fiel a su lealtad inquebrantable, solicitó su traslado para no separarse de su amado oficial.

La misión del valiente felino consistía en resguardar tanto las provisiones como el valioso material del barco de las garras de las ratas.

En enero de 1898, el USS Maine fue despachado desde Key West, Florida, hacia La Habana, con la misión de proteger los intereses estadounidenses en medio de la guerra de Independencia de Cuba. Tres semanas más tarde, alrededor de las 09:40 de la noche del fatídico 15 de febrero, una explosión devastadora sacudió la sección frontal de la nave.

En aquel instante fatal, Tom se encontraba plácidamente dormido tres cubiertas por debajo y quedó literalmente sepultado. Los supervivientes, aturdidos y desesperados, no lograron avistarle y asumieron que había perecido en la catástrofe. La sorpresa del comandante Wainwright fue mayúscula cuando, al día siguiente, descubrió a un desamparado Tom flotando sobre un fragmento de naufragio, maullando con desesperación. Fue atendido por una herida en una de sus patas y, en poco tiempo, se recuperó por completo, reincorporándose con determinación a su vital labor.

A estas alturas conocemos que la curiosidad innata de los felinos puede llevarlos por sendas aventuradas y, en ocasiones, desafiantes. En la crónica de los gatos marineros que estamos contando, esa curiosidad inherente y su conocida independencia se vieron obstaculizadas por un decreto de guerra que prohibía el uso de sirenas en los barcos antes de su partida. El resultado fue que durante las convulsas épocas de la Primera y la Segunda Guerra Mundial cientos de gatos se encontraron varados en los muelles de Chelsea, abandonados por sus barcos, que zarparon sin previo aviso.

En pleno apogeo bélico, el puerto de Nueva York se convirtió en un hervidero de actividad, con barcos que salían cada quince minutos desde los muelles de Chelsea, donde las tropas se embarcaban con destino a las zonas de conflicto. No obstante, muchos de estos navíos eran antiguos buques de pasajeros adaptados para el transporte de soldados.

Antes de la prohibición, estas naves hacían sonar sus imponentes bocinas en tres etapas: primero, treinta minutos antes de zarpar; luego, quince minutos antes; y, finalmente, en los cinco minutos previos a la partida. Sin embargo, la veda impuesta durante la guerra para evitar la confusión con las alarmas antiaéreas trajo consigo la pérdida de referencias para los gatos que patrullaban estos barcos. Como resultado, numerosos mininos quedaron atrapados en tierra mientras sus barcos partían.

Así fue como comenzó a fraguarse una superpoblación de felinos en la zona de los muelles, formando pandillas de quince o veinte miembros que seguían de cerca a los vigilantes, esperando ansiosos su ración de comida.

EN LOS MUELLES SUENAN MAULLIDOS

A mediados del siglo XIX, Nueva York era ya la ciudad más grande de Estados Unidos, y en 1900 la entrada al país de inmigrantes y mercancías convirtió su puerto en uno de los más internacionales del mundo. Allí, en el astillero de Brooklyn, asistimos al primer lazo laboral de gatos y humanos.

Seguramente fue el primer reconocimiento oficial jamás dado a un gato como miembro regular de las fuerzas navales de los Estados Unidos. Lo hizo el constructor naval Bowles, del Brooklyn Navy Yard, que siempre se preocupó de que el personal que pasaba por el patio no interfiriera ni molestara a los gatos que merodeaban por allí. Para aquellos trabajadores, este gesto era el reconocimiento que estos incansables guardianes merecían, pues eran obreros que no suponían un gasto para el Gobierno. Sus compañeros humanos se ocupaban de recoger las sobras de la cena para alimentar a la patrulla felina que mantenía a raya a los roedores, ahorrándole al Tío Sam una considerable suma de dinero.

En el pasado, el Brooklyn Navy Yard no albergaba gatos, sino que estaba invadido por ratas que hacían de las suyas. Los funcionarios intentaron de todo, desde venenos hasta trampas, en un esfuerzo desesperado por deshacerse de las plagas, pero sin éxito. Las ratas parecían desafiar las trampas y se mostraban fuertes con los venenos, lo que ocasionaba desperfectos y gastos considerables. Cada año, prácticamente todos los muelles del astillero requerían reparaciones, y las pérdidas en aparejos, velas de repuesto y otros materiales eran aún mayores. Sin embargo, desde que se permitió la entrada del primer gato en el patio, las ratas decidieron buscar refugio en lugares más apacibles.

Entre los veteranos ratoneros se encontraban Tom y Minnie, dos panteras negras encargadas de la vigilancia del departamento eléctrico. Tom era un gato muy grande, mientras que Minnie era, probablemente, el gato más pequeño del lugar. Según los trabajadores, ¡ella era la mejor ratonera en el patio de la Marina, del astillero o del mundo entero!.

Los diarios neoyorkinos recogían las declaraciones de los operarios que aseguraban que ella sola podía hacer frente a una rata de su tamaño y que Minnie merecía una medalla de oro por preservar la propiedad del Gobierno de los Estados Unidos.

Junto a Tom y Minnie, Jerry era el otro veterano cazador de ratas oficial en el desván de aparejos. Hasta su llegada, el desván estaba infestado de grandes ratas y de ratones. El fabricante de velas Cowan contaba que los roedores eran tan descarados que correteaban sobre las manos de los trabajadores y trataban de trepar por sus piernas a la luz del día, pero la llegada de los felinos fue un alivio para el personal.

Jerry era el único gato que había estado embarcado en dos viajes con flotas de los Estados Unidos y tenía la costumbre de hacer largos trayectos lejos del astillero por su propia cuenta. Aproximadamente una vez al mes desaparecía, pero siempre regresaba justo cuando los ratones comenzaban a asomar por el desván de aparejos.

Bob Duke, un trabajador del Departamento de Construcción y Reparaciones del astillero de la Marina, tenía una gata llamada Jennie de la que decía que era la ratonera más experta que existía.Pero en el departamento de carpinteros un cocinero alardeaba de su gata blanca llamada Juana de Arco, asegurando que era igual de competente que Jennie y que, aunque provenía de Omaha y era republicana, tenía el don de detectar a una rata con gran rapidez, igual que si fuera demócrata y proviniera de Cat Hollow.

Los obreros del taller afirmaban que Juana de Arco tenía la habilidad de saber la hora del día sin consultar un reloj y, en efecto, todos ajustaban sus relojes en función de su llegada, pues acudía puntualmente cinco minutos antes de las doce del mediodía, tan regularmente como el amanecer y el ocaso. Todas estas historias se reflejaban en los diarios.

LOS VIGILANTES DE GOTHAM

En el año 1915, el Departamento de Policía de Nueva York mantenía un registro con más de cien felinos domésticos, cada uno de ellos encomendado a la importante tarea de librar las viviendas de la ciudad de las plagas de roedores. Todos fueron necesarios, pero entre ellos hay tres que destacaron e incluso ocuparon los titulares de la prensa neoyorquina en la década de 1900.

En 1904, *The New York Times* y el resto de los periódicos de la gran ciudad comenzaron a hacerse eco de las hazañas de Bill, el incorregible ladrón de bistecs.

Corría el mes de junio y Bill ostentaba el honor de ser el cazador oficial de ratones de la comisaría bajo la atenta supervisión del sargento William E. Egan, al que su hijo llevaba a diario la comida. Bill, en una ocasión, no dudó en hacerse con un suculento filete *porterhouse* que el sargento anhelaba devorar. No era la primera vez que lo hacía, pero esa vez no quedó impune.

El sargento proclamó solemnemente a las páginas de *The New York Times* que estaba «arrestando» al felino por hurto y anunció que Bill sería llevado ante el capitán para rendir cuentas más tarde en el día.

Unos años después, en 1911, hizo su entrada triunfal en el reinado de los medios un hermoso gato blanco bautizado como Pete, el primer gato que conozcamos que se puso en huelga de hambre y el ojito derecho del teniente Peter Brady.

Como es característico en muchos gatos, Pete ostentaba una terquedad innata y poseía gustos y aversiones muy marcados. Su lugar predilecto de reposo era el escritorio en el despacho de la comisaría, pero, si no le gustaba el teniente de turno, buscaba un rincón lejano de la estación o hacía travesuras.

Un vigilante de Gotham tratado a cuerpo de rey en cualquiera de las oficinas de policía de principios del siglo xx. Su capacidad para dejar las comisarías libres de ratones les convirtieron en jefes mimados

En julio de 1911, cuando los tenientes Brady y Price fueron destinados a otra estación de policía, Pete optó por declararse en huelga de hambre. Durante varios días se negó a abandonar su refugio en el sótano, desafiando con su resistencia las tentativas de los oficiales por persuadirlo con crema, leche y pescado. Finalmente, Pete fue apresado y entregado a sus queridos compañeros humanos.

El tercer gato que acaparó el interés de los periodistas en esos años fue Buster, un pequeñajo de pelaje blanco y negro que no aceptó de buen grado el cambio de lugar de trabajo.

Nadie pensó en Buster y Topsy a la hora de unir dos comisarias del Lower Side de la ciudad de Nueva York. El gran edificio era más que apto para acoger a todo el personal de las dos oficinas de policía. Bueno, a todos excepto a Buster y Topsy, las dos mascotas rivales de las dos comisarías. La fusión humana fue mucho más pacífica que la gatuna, ya que las mascotas felinas se negaron a convivir.

Buster, el rey de su lugar, tenía ahora que compartir corona con Topsy, una corpulenta gata blanca que, aunque era una recién llegada, pronto se erigió como reina indiscutible del lugar.

En el transcurso del primer mes en la flamante estación policial de la calle Clinton número 118, Buster optó por pasar la mayor parte de su tiempo en las calles, adoptando el estilo de vida de un vagabundo. Entretanto, según reportaba con ironía *The New York Times*, Topsy «crecía en tamaño y en importancia en la nueva comisaría, habiendo usurpado con éxito a Buster el puesto de jefa de los cazadores de ratones».

En el primer día del año 1912, algunos agentes de policía hallaron a Buster maullando desesperadamente en el lodazal de la calle Clinton. Con compasión, lo rescataron y lo llevaron de vuelta a la comisaría, donde lo limpiaron, asearon y le engalanaron con una pequeña pancarta que rezaba: «¡Feliz año nuevo para todos!».

Posteriormente, los hombres trasladaron al minino a la sala principal de reuniones, donde le brindaron un generoso tazón de leche. Mientras Buster disfrutaba de su comida, su rival Topsy despertó de su siesta sobre el escritorio del teniente Jones. Cuentan las crónicas que saltó con brío, derramando una botella de tinta sobre el atónito teniente, y se encaminó hacia la sala donde reposaba el desterrado jefe ratonero.

Se desconoce qué se dijeron las dos mascotas (si tenéis gato os lo podéis imaginar), pero esa misma noche se activó una alarma especial para buscar a un pequeño gato blanco y negro visto por última vez corriendo despavorido en la calle Clinton y llevando un letrero de «Happy New Year to all» a su espalda. A medianoche, cuando no había sido localizado, los policías comenzaron a difundir rumores de que Buster se había suicidado.

Nunca más se le volvió a ver.

Pero la rivalidad en el trabajo es algo bastante habitual y, como se suele decir, las comparaciones son odiosas. Un claro ejemplo de esto lo tenemos en la historia de los siguientes protagonistas, dos gatos con nombres muy evocadores y actos noticiables.

La historia de Homicide (Homicidio) y de Arson (Incendio Provocado) hizo correr ríos de tinta en los periódicos y fue seguida por un público ávido de conocer lo que los gatos policía tramaban.

Desde el día en que nació, Homicidio estaba destinado a ser un gato policía. Nadie en la sede sabía de dónde venía o si alguna vez asistió a la academia, pero el felino de pies ágiles sabía exactamente lo que significaba trabajar en la ciudad de Nueva York.

Homicidio ingresó en el cuerpo en algún momento de enero de 1934. El gatazo negro con ojos esmeraldas e infinitos bigotes no podría haber elegido un lugar más magnífico para trabajar y vivir.

Su llegada no fue bien recibida por Incendio Provocado, el tigre negro y naranja que, hasta ese momento, había estado al cargo de los ratones en la sede. Tan molesto estaba por su reemplazo que, supuestamente, corrió indignado calle abajo después de que el novato le robara su puesto y nunca más regresó.

A la mayoría de los hombres que trabajaban en la sede de la policía no les entristeció su partida. Aunque al minino le encantaban sus rutinas, en realidad no estaba hecho para trabajar y nunca capturó una pieza. Lo que sí hacía era mucho ruido, incluso cuando caminaba sobre pisos alfombrados, lo que alertaba a los ratones, que se ponían a salvo sin problema.

En *The New York Times* hacían chanzas sobre él diciendo que su nombre se debía a que estaba «quemado» por no haber podido nunca atrapar un ratón.

Homicidio, sin embargo, era de pies ligeros y acolchados, además de ser un gato policía tenaz y concienzudo. Empezaba su rutina todas las noches a las seis y cubría cada agujero de ratón desde el sótano hasta al tejado. Seguramente no asistió a la escuela de policía, pero demostraba un gran respeto por el libro de *Reglas y regulaciones de la Policía*, echándose largas siestas sobre él.

Abajo, en el sótano, registraba todas las celdas de los prisioneros y desde allí subía al primer piso, donde registraba la caja fuerte, las habitaciones del escuadrón, la Oficina de Identificación Criminal y la Oficina de Extranjeros Criminales.

Al contrario que él se paraba frente a todas las puertas cerradas y daba su mejor maullido a modo de sirena para que viniera alguien a abrirle y poder continuar con su exhaustiva inspección.

Cuando en los calabozos atrapaba a algún roedor delincuente, subía corriendo las escaleras con el convicto en su boca forcejeando por escapar, saltaba al escritorio y le presentaba al teniente Smith al nuevo prisionero. Lo soltaba para que lo procesaran, saludaba con un restregón de cabeza y volvía raudo a continuar con su rutina.

Ante el esmero del gato, el teniente formalizó una orden para una ración extra de hígado, además de un ascenso, convirtiéndose en oficial de primer grado, cosa que divirtió a todos los reporteros, que publicaron la historia para deleite de sus lectores.

Pero, si los gatos policía asombraban en la antigua Gran Manzana, los felinos de fuego, como llamaban a los gatos que trabajaban en las estaciones de bomberos, no lo hacían menos.

FELINOS DE FUEGO

En 1897, Ginger, un gato pelirrojo, decidió establecerse en el parque de bomberos del Lower East Side. En tres años ya dominaba el noble arte del boxeo erguido en sus patas traseras. Tampoco le fue difícil hacerse con la técnica de deslizamiento por la barra metálica, como si fuera un danzarín de *pole dance*. Pronto captó la atención de *The New York Times*, que disfrutaba relatando las aventuras del divertido minino.

En los últimos años del siglo XIX y principios del XX, el Departamento de Bomberos de Nueva York permitía mantener un perro, un gato y pájaros cantores sin límites en su lugar de trabajo. Estos animales, además de los caballos que tiraban de los carros, proporcionaban compañía a los hombres que, a menudo, debían permanecer en el recinto durante más de una semana. Pero algunos gatos muy especiales de esta ciudad incluso disfrutaban yendo a los incendios.

En el año 1905, un gato con profundas rayas naranjas llegó a la estación de bomberos número 152 de Brooklyn. Nadie sabía su procedencia, pero se convirtió en una de las mascotas favoritas del cuerpo y se decía que durante sus años de servicio activo nunca se perdió un aviso.

Al igual que Ginger, una de sus mayores habilidades era bajar por el poste metálico del parque. Según los bomberos, su récord, que apareció en el *Brooklyn Daily Eagle*, estaba en bajar desde la sala de descanso que había en el tercer piso hasta la cochera en tres segundos.

Al primer tañido de la campana de avisos, Peter galopaba veloz hasta el poste y, con un salto volador, lanzaba sus patas sobre él, deslizándose hacia abajo. Luego, con un brinco, aterrizaba en el asiento del conductor del coche de las mangueras. Los bomberos decían que siempre parecía muy orgulloso de ser el primer miembro del equipo en estar listo para la acción.

TOOTSY READY FOR A FIRE.

«Tootsy lista para un fuego» Viñeta publicada
en la prensa neoyorquina en 1896

Peter se unía a los hombres en cada llamada y, aunque resulta difícil de creer, incluso los seguía por las escaleras lo más lejos posible, hasta que el humo y las llamas lo hacían retroceder.

El ritual se repitió hasta que tuvo un percance y se lesionó, causando baja por enfermedad. A partir de ese día se le destinó a trabajar en las oficinas.

Tootsy era la adorada bombera felina del parque de bomberos número 27, en el Bajo Manhattan. Nacida el 4 de julio de 1895, amaba un perfume con olor a humo casi tanto como una buena cacería de roedores. Era una verdadera gata de fuego a la que le encantaba montar en el camión de bomberos, conversar con sus compañeros humanos y dormir en el arnés de su caballo favorito (recordad que en aquella época los coches de bomberos iban tirados por caballos). Su belleza fue reconocida por todo el mundo cuando apareció en el National Cat Show celebrado en el Madison Square Garden. Tenía a todos los bomberos enamorados, tanto que la prensa de Nueva York aseguraba que hubieran preferido perder su placa antes que perder a su pequeña e intrépida bola de algodón.

Tootsy nació en la cuadra de Old Babe, un veterano caballo percherón que se había unido a la estación de bomberos veinte años antes. Este gigante permitía que la madre gatuna tuviera a su prole en la cuadra, ya que ella también fue una experimentada bombera de la estación.

A medida que creció, su espíritu temerario y aguerrido la instaba a unirse al equipo para apagar los fuegos. Competía con el resto de los hombres a la hora de deslizarse por el poste de latón con gran habilidad. Y costaba no pocos esfuerzos encerrarla en alguna habitación para que no se acoplara al coche de las mangueras.

Una gélida tarde de 1895, cuando la campana avisó de un fuego, Tootsy corrió detrás de su amigo Babe, que galopaba para entrar en acción, hacia el coche de bomberos. Con fiera determinación, la pequeña bola de pelo saltó hacia las mangueras y se agazapó junto a la bomba de agua para que el resto de sus compañeros no la pudieran ver.

Cuando el equipo entero volaba calle abajo, uno de los hombres la descubrió debajo del asiento del conductor. Temiendo que se perdiera en el fuego, el capitán Farrell la agarró y se la metió dentro del abrigo, asegurándose de que permanecía a salvo mientras el resto luchaba contra el incendio.

Aunque Tootsy trató de responder a otros incendios, sus esfuerzos casi siempre fueron frustrados por su mamá gatuna, que traicionaba a su hija maullando cada vez que veía a la minina subirse al camión ante un aviso.

La prensa publicó que la tenacidad de la gatita por unirse a todas las aventuras dio sus últimos frutos en un incendio en Broadway. Y cuando el equipo listo para salir vio una bola de pelo blanco durmiendo en la oficina dio por hecho que era Tootsy y no su madre embarazada, que descansaba plácidamente.

Apostando una de sus siete vidas, la bombera felina volvió a esconderse en el coche y salió a maullar animando a su equipo ante la multitud. De vuelta a la estación, tuvo que recibir la orgullosa reprimenda del capitán Farrel, que la acariciaba con admiración. A partir de ese día, permaneció en la estación cuidando de sus hermanos menores y haciendo de instructora de deslizamiento por barra de todos los reclutas novatos.

La prensa, alabando su valentía, indicó que «cuando Tootsy muera, habrá un dolor genuino en la estación de bomberos 27».

FUNCIONARIOS DE UÑAS AFILADAS

Los funcionarios neoyorquinos han sido siempre actores principales en el escenario de la administración de la Gran Manzana, y los gatos han estado unidos, irremediablemente, a estos fieles servidores públicos.

Nunca deja de asombrarnos la insistencia y determinación de los gatos, y un claro ejemplo de ello lo tenemos en Tom, una de las mascotas más mimadas del consistorio, que un frío día de invierno decidió convertir aquel lugar en su hogar. A aquel minino atigrado no le importaban las veces que le echaran; tanto si era por una ventana como por una puerta, él volvía una y otra vez. Como relataron en *The New York Times*, Tom era un buen ejemplo de gato estadounidense hecho a sí mismo.

A lo largo de los años, el gato atigrado hizo muchos amigos entre los concejales y acostumbraba a echarse la siesta con ellos mientras debatían en las reuniones de la junta.

En invierno, Tom solía dormir junto a un radiador en el sótano o pasaba el tiempo en la oficina del alcalde. Cuando llegaba la primavera, era el encargado de transmitir la noticia al resto de empleados tomando el sol en la plaza. Era un auténtico Romeo, que disfrutaba visitando a sus innumerables novias del escuadrón de policía felino o de la Oficina General de Correos.

Después de Tom, otro de los gatos más famosos del ayuntamiento de Nueva York fue Tammany, que ocupó el City Hall durante los mandatos del alcalde Jimmy Walker y el alcalde Fiorello La Guardia.

Walker fue el que lo encontró en la calle y se lo llevó a la oficina para que acabara con los roedores del edificio y también fue el responsable de ponerle un sueldo para pagar sus necesidades, que salía íntegro de las arcas del Estado.

El gato se tomó muy en serio su trabajo y peleó hasta con las ratas más grandes del lugar sin amilanarse ante ninguna. Además de estas funciones, el minino se apuntaba a las reuniones del consejo o pasaba a visitar a su amigo el alcalde, quien siempre tenía la puerta abierta para él.

Los reporteros del ayuntamiento le adoraban, pero esto no era recíproco. Ellos insistían en que posara para sus fotos y a él le aburría soberanamente, por lo que después de alguno de estos posados se escondía enfurruñado en algún rincón sin querer tratar con nadie.

Tammany en 1938 con su protector, el teniente de alcalde Henry H. Curran en una foto del New York Times

Los concejales también disfrutaban de su presencia, sobre todo cuando en alguna reunión se elevaba el tono y el gato hacía alguna de las suyas rompiendo la tensión generada. Cuentan que un día, en medio de un airado discurso de un concejal contra el alcalde Laguardia, el gato despertó de una de sus siestas y empezó a empujar y mirar fijamente al iracundo edil, despertando las risas del resto.

Cuando hubo el cambio de alcalde, se temió por el puesto de trabajo del felino, ya que el nuevo jefe no era demócrata, sino republicano. Los rumores se hicieron más insistentes y el vicealcalde Currant declaró a los periódicos que el ayuntamiento estaba bajo asedio y escribió una carta pidiendo clemencia al comisionado. En la misiva exponía que el animal era «el más sabio y valiente de todos los gatos» y que lucharían por él si intentaban retirarlo.

Al año siguiente, el jefe ratonero murió debido a un fallo renal, rompiendo el corazón de miles de neoyorquinos.

EN CORREOS, MÁS GATOS QUE CARTAS

En los albores del siglo XX, el Gobierno de los Estados Unidos asignó fondos para alimentar a cientos de gatos que fueron «contratados» para atrapar ratas en las oficinas de correos y otros edificios federales.

Cuando George W. Cook celebro sus cincuenta y cuatro años como trabajador del Departamento de Correos con una cena especial, nadie se hubiera imaginado que el evento sería en el sótano del edificio y que los asistentes serían dos sargentos *mousers*, llamados Bill y Richard, un gato atigrado y cincuenta y cuatro gatos de la patrulla felina.

A pesar de sus ochenta y un años, el señor Cook, además

de clasificar cartas, era extraoficialmente el superintendente de la guardia felina de Correos, compuesta por más de cien gatos. Los cinco dólares de presupuesto al mes daban para una comida al día, suficiente para que los mininos no robaran los almuerzos de sus compañeros humanos y siguieran teniendo interés en cazar a los escurridizos intrusos.

La primera gatita empleada en esta oficina fue una atigrada un poco díscola, y en poco tiempo había más gatos que cartas por todos los lados. No sabiendo qué hacer con la superpoblación felina, un día el gran jefe pidió seis sacos de material resistente y, ni corto ni perezoso, los llenó de gatos de todos los tamaños, los certificó y los mandó a una pequeña oficina de correos de New Jersey.

En el edificio de la Oficina General de Correos en Nueva York, la mayoría de los gatos comenzaron sus carreras policiales desde abajo o, más específicamente, en el Departamento de Periódicos, considerado de segunda clase. El sótano ofrecía múltiples puestos para centinelas, pero también lugares para sestear en los momentos de relax.

A los cazadores más avezados de segunda clase se los ascendía a primera, mandándolos a la División del Registro, en el piso superior. En este departamento, se manipulaba el correo certificado que se consideraba más delicado e importante, por lo que se requería del personal humano y felino un esfuerzo extra para protegerlo y que llegara a su destino.

Se instauró un retén de emergencia para la guardia gatuna, porque a veces recibían ataques masivos de ratas y no eran capaces de ganar la batalla.

La guardia felina estaba bien organizada. Los empleados de segunda acudían a golpe de silbato todos los días a las 02:00 p.m., comían en bandejas de seis y, si algún gato se cambiaba de grupo, el jefe del pelotón le aleccionaba y le corría a zarpazos hasta llevarlo a su sitio asignado.

Los gatos de primera clase del registro se reunían en el ascensor para bajar al sótano y esperaban su turno para comer. Cuando terminaban de almorzar, volvían a montarse en el elevador para subir a su planta y seguir trabajando. Un mundo de cooperación y de ternura que los medios de comunicación de la época seguían y ponían en valor, ante el regocijo de sus lectores.

EL CRÍTICO MÁS DURO DEL PERIÓDICO *THE SUN*

Algunos gatos periodistas también reinaron en la antigua Gran Manzana, y uno de los más famosos fue Mutilator. Alrededor de este felino y su trabajo en el periódico *The Sun* se tejió una gran historia en la que resulta un poco difícil discernir qué parte fue veraz y qué parte fue literatura.

En 1883, se aprobó la Ley de Reforma del Servicio Civil, conocida también como la Ley Pendleton, en la que se ponía fin a otorgar empleos gubernamentales a afiliados de un partido, amigos o familiares.

El presidente Cleveland envió una carta apoyando esta nueva ley a distintos periódicos, pero a la mañana siguiente apareció publicada en todos excepto en *The Sun*.

Según la leyenda, un accidente con la carta hizo que saliera volando por una ventana sin posibilidad de recuperarla. Cuando un juez de la Corte Suprema de Nueva York (William Bartlett) preguntó por la ausencia de la publicación al editor, a éste no se le ocurrió otra cosa que decir que el gato de la oficina (Mutilador) se la había comido.

Al día siguiente, en una nota de prensa, explicó poco más o menos que el gato del periódico no estaba muy de acuerdo con la publicación de esa carta y la había censurado. La noticia se volvió viral y todos los periódicos publicaron la historia, preguntándose quién era ese gato sin nombre.

The Sun le dedicó un editorial al gato debido al interés universal que este animal había despertado en todo el país, habiendo recibido infinidad de solicitudes interesándose por sus hábitos personales, sus peculiaridades y exponiendo que ningún crítico vivo había conseguido semejante atención y popularidad. A pesar de todo, afirmó que no se había envanecido con los elogios y que prefería conservar su privacidad a la hora de compartir su imagen. «Su comida favorita era una discusión arancelaria y cuando un gran discurso, lleno de viento y estadísticas, está a su alcance se abalanza sobre él inmediatamente y digiere las cifras a su gusto».

A *The New York Times* le gustaba especialmente criticar los editoriales de su rival, particularmente los de política, y sugería con ironía que el gato debía de haber masticado las partes buenas o devorado todo el artículo sobre cualquier tema o candidato que *The Sun* no apoyaba.

Dicen que John J. Ford se tomaba muy en serio las críticas del felino y que un día llegó en estado de embriaguez al periódico exigiendo ver al minino para preguntarle por qué no había censurado un artículo con el que él no estaba de acuerdo. Mutilador se escondió debajo de una mesa ante la actitud agresiva del humano y se negó a salir hasta que las fuerzas de seguridad le arrestaron y se lo llevaron para dormir la mona en un calabozo. Nunca sabremos si el gato existió de verdad o fue un recurso periodístico para echar balones fuera.

El siglo XX traería otros momentos en los que los felinos volverían a brillar. Preparados, porque entramos en los felices veinte y en todo lo que acarreó la instauración de la ley seca en la ciudad de los rascacielos.

UNA GATA DIRIGE UN CLUB CLANDESTINO Y UN CASANOVA REINA EN LA CIUDAD

Cuando en los años veinte se proclamó la ley seca, Jack Bleeck decidió pedir un préstamo para comprar el Opera Café y convertirlo en un bar clandestino.

Los gatos dominaban los clubs y eran amuletos en los deportes.
Ralph Branca, uno de los mejores jugadores de beisbol de todos
los tiempos, buscaba al gato del equipo antes de iniciar un partido
para que le proporcionara la suerte necesaria para ganar

Al poco de abrir, empezó a tener problemas con una banda de roedores desvergonzados que se atrevían a pasearse por encima de los pies de los clientes buscando cualquier resto comestible, lo que hizo que elevaran sus quejas. Jack decidió buscarse una socia que se hiciera cargo del problema y Minnie apareció a los pocos días como caída del cielo. Después de una breve entrevista de trabajo, se quedó como única reina de ese paraíso de hombres, porque en aquel lugar no estaba permitida la entrada a nadie del género femenino. La gatita en cuestión se reveló como una *killer* profesional y le costó apenas un mes limpiar la zona de intrusos indeseables.

En 1925, Jack vendió el local para abrir otro llamado Club de Artistas y Escritores, donde acudían actores, cantantes y gente de la farándula. Bajo esta tapadera, el clandestino bar acogió a artistas como Enrico Carusso, que después de cada actuación disfrutaba tomándose un martini mientras acariciaba el sedoso lomo de Minnie.

La gata tuvo unos 110 cachorros y cada vez que se quedaba embarazada en el club se hacía una porra para adivinar el número de gatitos y el sexo que tendrían. Uno de sus amantes más conocido fue Tommy «Casanova» Lambs, el gato del primer club teatral profesional de Estados Unidos: The Lambs.

Se dice que el imponente gatazo salido de las calles de Hell's Kitchen era el responsable de todas las gatas preñadas en un radio de seis manzanas alrededor de su club.

No sólo por eso se le admiraba, sino también por su felina inteligencia, sentándose al lado de cualquier cliente que hubiera pedido pescado antes de que le trajeran su plato.

Su afición a los amoríos le trajo no pocos problemas, teniendo que batirse en duelo con bastantes oponentes y volviendo muchas veces al club en malas condiciones.

The Times le declaró «el gato más duro de Nueva York» y fue nombrado miembro vitalicio del club The Lambs, que todavía, hoy en día, tiene una foto de él en sus paredes.

Uno de sus nietos, Tommy III, heredó el puesto y, cuando se tumbaba en la mesa de villar mientras los clientes jugaban, la consigna era no tocar al gato, por lo que las bolas tenían que hacer filigranas para no chocar con el animal y entrar en el agujero.

ARTISTAS Y GATOS EN EL HOTEL ALGONQUIN

Las calles de Nueva York son un torrente incesante de personas, una marea humana que fluye y refluye sin cesar, como un latido frenético que marca el ritmo de la ciudad. En sus esquinas, se escuchan lenguas de todos los rincones del mundo, un coro políglota que narra la historia de la inmigración y la diversidad que define a esta metrópolis, donde también los gatos se disputan su espacio y enloquecen a los humanos.

Los gatos de la Nueva York del siglo XXI son como poetas errantes y en el pequeño universo de la Gran Manzana ocupan un lugar especial en tiendas y hoteles.

El Hotel Algonquin es un emblema en Nueva York, no sólo por su distinguida historia, sino también por una tradición que ha perdurado a lo largo de décadas. En los años treinta, cuando el renombrado actor John Barrymore se encontraba en este establecimiento mientras deslumbraba en un escenario de Broadway, tuvo una ocurrencia singular que marcó el futuro del hotel. Barrymore, inmerso en la atmósfera artística de su tiempo, decidió acoger a un gato callejero en el interior del hotel y lo bautizó con el nombre de Hamlet en un homenaje al papel que él mismo encarnaba en las tablas.

El gato Hamlet del hotel algonquin.
(foto: algonquinhotel.com)

Desde ese instante, en el Hotel Algonquin se acogió a una sucesión de felinos, todos llamados Hamlet, identificados por números romanos que marcaban su generación. Estos gatos se convirtieron en una especie de mascotas queridas por todos, conocidos por su amigable presencia y su capacidad para relacionarse con los huéspedes.

El personal del hotel los selecciona cuidadosamente y los atiende con esmero, convirtiéndolos en un elemento distintivo de esta histórica residencia. Los enigmáticos felinos no sólo ofrecen compañía a los visitantes, sino que también contribuyen a crear un ambiente cálido y acogedor en el vestíbulo del hotel. Recordemos la célebre frase de Pam Brown: «Un gatito transforma el regreso a una casa vacía en la vuelta al hogar».

Este lugar icónico solía ser el punto de encuentro para un selecto grupo de escritores, críticos y periodistas en la vibrante Nueva York de los «locos veinte». Sus conversaciones animadas y agudas se reflejaban en las columnas de sus respectivas plumas, especialmente en las páginas del influyente *The New Yorker*. Este ambiente se convirtió en un caldo de cultivo perfecto para el florecimiento del círculo de creadores más prolífico de la historia contemporánea de los Estados Unidos.

Periodistas, críticos y artistas de renombre se congregaban aquí con destacadas figuras como Dorothy Parker, quien personificaba la esencia neoyorquina de la década de los veinte y desempeñaba un papel destacado como crítica teatral. Dorothy tenía su residencia en el Hotel Algonquin y era una asidua a las animadas conversaciones de la famosa Mesa Redonda.

El Hotel Algonquin se ha convertido en un referente cultural en Nueva York y ha desempeñado un papel crucial en la historia literaria y cultural de la ciudad. La tradición de tener un gato residente y su asociación con la Mesa Redonda son sólo dos de los aspectos fascinantes de su rica historia.

Como un toque curioso, celebra anualmente un desfile de moda para gatos. Diez elegantes mininos desfilan con gracia en los brazos de sus cuidadores, luciendo trajes y atuendos que siguen las últimas tendencias felinas, a menudo diseñados por ilustres creadores. Bajo el lema «Un mundo pequeño entre las manos», una mezcla de chaquetas de cuero, tutús de danza, turbantes y sombreros se dan cita en esta fiesta singular de esperanza donde todo lo recaudado se destina a un noble propósito: proteger a los gatos en la Gran Manzana, un tesoro incalculable que merece ser preservado y cuidado.

TODOS LOS GATOS SAM DE ANDY WARHOL

En el epicentro de la bulliciosa Nueva York del siglo xx destaca la figura de Andy Warhol, un icono inmortal de la época conocido no sólo por su obra artística revolucionaria, sino también por su presencia destacada en los círculos intelectuales neoyorquinos de la década de los sesenta. Warhol, el oráculo de la modernidad, ocultaba tras su personalidad compleja y enigmática un profundo amor por los felinos, lo que le convertiría en el gatuno más afamado de la historia de Nueva York.

Andy Warhol, «25 Cats Name(d) Sam and One Blue Pussy», 1954

Nacido en la ciudad de Pittsburgh en 1928, la infancia de Warhol estuvo marcada por una salud frágil, con largos períodos en cama que avivaron su pasión latente por la pintura. Tras adentrarse en el estudio del arte comercial, se estableció en la Gran Manzana de Nueva York, donde dejó su huella como ilustrador y diseñador, plasmando su talento en portadas de discos y revistas.

Un día llegó a su hogar una invitada que le cambiaría la vida. Aunque algunas voces afirman que fue su madre, Julia, quien se presentó con una gata azul a la que llamaron Hester, otras ven más creíble que ese inesperado regalo llegara de manos de la legendaria Gloria Swanson.

Lo cierto es que la gatita marcó un punto de inflexión en la vida de Warhol, que visibilizó a estas criaturas antes de que lo hiciera internet.

Andy deseaba que Hester fuera feliz y se trajo consigo a casa a un siamés llamado Sam, el primero de los veinticinco felinos llamados Sam que compartieron su vida en el apartamento de la avenida Lexington.

Para diferenciar a los gatos en su creciente y diversa familia, la abuela Julia les asignó colores: Sam el Verde, Sam el Azul o Sam el Rojo. No obstante, tratar de que estos felinos obedecieran a su llamada resultó en vano, ya que, como bien se sabe, los gatos no están hechos para cumplir órdenes.

La esterilización no formaba parte de la ética de Warhol, lo que llevó a un aumento en la población felina de su hogar y, por ende, a la búsqueda constante de adoptantes. Parece que la raza siamesa ganaba popularidad en Estados Unidos, y Warhol quiso dedicarse a la cría, pero no le salió bien.

Los gatos se volvieron endogámicos y empezaron a mostrar una actitud rebelde. Su comportamiento notoriamente travieso y las pequeñas catástrofes diarias que ocasionaban no parecían afectar a los humanos de la casa, hasta que finalmente tuvo que regalarlos.

En 1954, Warhol creó una serie de dibujos que conformaron un libro titulado *25 Cats Name Sam and One Blue*

Pussy («25 gatos llamados Sam y una gatita azul»), que en realidad contenía únicamente dieciséis gatos llamados Sam. Este trabajo, realizado en colaboración con su madre, está impregnado del vibrante y característico estilo de Warhol, quien declaró que en él se fusionaban dos de sus temas favoritos: ángeles y gatos.

Madre e hijo no se detuvieron en ese libro y cuatro años después lanzaron una edición privada titulada *Holly Cats by Andy Warhol's Mother* («Gatos sagrados por la madre de Andy Warhol»), que incluía veinte imágenes fotolitográficas en homenaje a la adorada gatita Hester, que ya había partido.

Extravagante como todo artista vanguardista que se precie, en 1983 decidió regalar un gato disecado a John Lennon, el cual comentó que el animal asustó a Yoko y «enfureció de inmediato» a los gatos vivos de su casa.

Así fue Andy Warhol, un artista multifacético cuya vida estuvo marcada por la creatividad, las contradicciones y un amor apasionado por los gatos. Su legado artístico y su impacto en la cultura popular perduran hasta nuestros días.

*Ernest Hemingway creía que la manera de llevarse bien
con un gato era tratándolo como un igual o incluso
mejor, como el ser superior que él sabe que es.*

III

LOS FELINOS DE SEIS DEDOS QUE SOBREVIVIERON A HEMINGWAY

Un gato sólo conduce al siguiente.

Ernest Hemingway

La afinidad de Ernest Hemingway con los gatos es de todos conocida y trascendía las fronteras y los caprichos de la vida. A lo largo de sus travesías por el mundo, desde las calles de París hasta los campos de Cuba, los gatos lo acompañaron con su honestidad emocional inquebrantable. En 1943, desde su refugio en Finca Vigía, en Cuba, le escribió a su primera esposa, Hadley Richardson, mientras compartía el encanto de una compañía felina: «Un gato lleva a otro… Y este lugar es tan grande que no te das cuenta de que hay tantos gatos hasta que los ves llegar en masa a la hora de comer».

Hemingway no sólo amaba a los gatos, sino que reconocía su naturaleza intrínseca. Decía que eran «fábricas de ronroneo» y «esponjas de amor», una descripción que destilaba un entendimiento profundo de la autenticidad y la conexión que estos seres podían ofrecer. En su mente los gatos se sumergían en un océano de afecto, ofreciendo consuelo y compañía en formas que eran puras y sin reservas. Cada uno de sus gatos llevaba un nombre que reflejaba su carácter y personalidad y así logró crear una galería única: Picasso, Kim Novak, Errol Flynn o F. Puss.

A lo largo de su vida, el premio Nobel vivió con una gran variedad de animales, incluidos nueve perros, una vaca y hasta un búho americano que rescató poco antes de su partida. Pero los gatos para él eran más que compañeros: eran espejos de autenticidad y fuente inagotable de amor y confort. A pesar del paso del tiempo y los cambios de ubicación, su amor por estos seres con patas de terciopelo siempre permaneció inmutable.

En la década de 1920, decidió instalarse en la isla caribeña de Cuba. Allí, en una casa de estilo colonial, encontró la soledad necesaria para dar vida a sus novelas y relatos, y esa soledad fue compartida con una compañía encantadora: los gatos.

Estos felinos, independientes y enigmáticos, hallaron en la casa de Hemingway un refugio seguro. Paseaban entre las habitaciones llenas de libros, se acurrucaban en los rincones soleados y, en su silenciosa presencia, ofrecían a Hemingway una conexión con la vitalidad instintiva de la naturaleza.

La historia de los gatos y Hemingway es una narrativa de encuentros. En la mirada de los felinos encontró una forma de comprender lo inexpresable, viendo reflejados los misterios de la noche, la caza furtiva y la calma después de la tormenta. Los gatos, a su vez, encontraron en el escritor un amigo comprensivo y un cuidador benevolente.

La literatura de Hemingway se tejió con hilos de afecto felino. En su cuento corto *Cat in The Rain* («Gato en la lluvia»), publicado en 1925, una pareja de turistas estadounidenses en Italia se encuentra atrapada en su hotel debido a la lluvia. En este relato, la esposa siente una simbiosis inesperada con un gato que se resguarda bajo una mesa en la terraza. La historia captura la esencia de la empatía y el deseo de conexión, reflejando la profunda comprensión de Hemingway sobre la belleza de las interacciones simples y genuinas.

También menciona a los gatos en otras obras, todas escritas hacia el final de su vida, como en *París era una fiesta*, *Islas en el golfo*, *El jardín del Edén* y *Al romper el alba*.

En cada rincón de su vida y sus letras, los gatos de Hemingway dejaron una huella eterna. En sus nombres creativos y en sus ronroneos llenos de afecto, encontramos un tributo a la honestidad emocional y la autenticidad que el escritor valoraba tanto. Como testigos silenciosos de su viaje, estos gatos amasaron un vínculo atemporal entre el mundo humano y el mundo animal, una conexión que sigue viva en la casa-museo que los acoge y en las páginas de la historia literaria.

SNOWBALL, EL PRINCIPIO DE UNA SAGA DE SEIS DEDOS

En 1928, el autor de *El viejo y el mar* y su entonces esposa, Pauline Pfeiffer, llegaron a Key West desde Cuba y se establecieron en una casa con jardín. Aquel lugar se convirtió en un punto de encuentro entre viaje y viaje, y a su muerte pasó a ser un museo.

En ese lugar, cuentan, escribió cinco novelas, entre ellas *Adiós a las armas*, *Por quién doblan las campanas* y *Tener y no tener*. Y comenzó su historia de amor gatuna con los gatos mutantes.

El ritual matutino de Hemingway comenzaba antes del amanecer, cuando el sol aún no había ganado la partida a la noche. Sentado ante su escritorio de madera, bajo la luz suave y titilante de una lámpara, las palabras tomaban forma en la página mientras el mundo despertaba a su alrededor. Luego, en las tardes doradas, Hemingway caminaba por las calles empedradas de Key West, dejando que sus pensamientos se mezclaran con la brisa marina, y volvía tambaleante al hogar.

En una de esas tardes, el destino decidió jugar su mano en la historia de los gatos y Hemingway. Después de uno de sus paseos por el puerto, el escritor regresó a casa acompañado por un pequeño regalo que le había entregado un capitán de barco: un gatito de pelaje blanco, de mirada curiosa y patas delanteras que escondían un secreto en sus seis dedos. A este felino singular le puso el nombre de Snowball.

La vida de Snowball en la casa de Hemingway marcó el comienzo de una dinastía felina que perdura en el tiempo. Los caminos del gato se cruzaron con los de las gatas locales y, poco a poco, la casa comenzó a llenarse con gatitos de seis dedos, cada uno con su personalidad única. Hemingway abrazó esta peculiaridad y dejó que estos pequeños seres vagaran libremente por los rincones de su morada, compartiendo siestas sobre los muebles y convirtiéndose en fuentes inagotables de ronroneos y cariño. Les consentía, incluso, que durmieran sobre los originales de sus novelas y nunca quiso esterilizarlos.

Todos los gatos que hoy viven en la casa museo de Hemingway son descendientes de su primer gatito, snowball Algunos de ellos heredaron sus seis dedos en las patas delanteras, una anomalía denominada polidactilia

La pasión de Hemingway por estos gatos de polidactilia traspasó los años y las fronteras. Aunque se mudó a Cuba en 1940, la conexión con su casa en Key West siguió intacta. Durante más de dos décadas, el escritor regresó a su hogar en varias ocasiones, siempre encontrando la compañía y el cariño de sus fieles compañeros felinos.

La cifra de gatos en la casa creció, superando los sesenta en su apogeo. No se sabe exactamente cuántos gatos tuvo en su vida, pero fueron muchos y todos derretían su corazón de tipo duro. Uno de ellos aprendió a tomar *whisky* con él, a otro le cantaba canciones de cuna en París, a otro le contaba el final de su próximo libro. El premio Nobel decidió acabar con su vida en 1961 y dejó su casa de Key West llena de vivencias y mininos.

Cuando la casa fue transformada en museo, la fundación del legado del escritor decidió mantener en ella a los viejos amigos del escritor. Los felinos están perfectamente cuidados por un veterinario que los visita regularmente, los vacuna y les controla la dieta.

Actualmente, los gatos de Hemingway son una atracción turística por derecho propio y tienen protagonismo en la página web del museo. Se calcula que lo visitan más de 300.000 personas por año y que alberga a unos sesenta descendientes de Snowball, todos con polidactilia, todos hermosísimos, bautizados con nombres como Audrey Hepburn o Truman Capote.

Los jardines del museo son como un tapiz de serenidad y sombra, donde los gatos descansan en su majestuosidad felina. Se entremezclan con las plantas tropicales, duermen en escondites especialmente diseñados para ellos o se refrescan en la piscina bajo el sol caribeño. Incluso los azulejos *art déco* del baño se convierten en lugares de siesta improvisados. Cada uno de ellos, en sus momentos de calma, es como un fragmento vivo de la historia del escritor, un recordatorio de su pasión por los animales y su aprecio por la autenticidad de la vida.

En el corazón del jardín, el cementerio se convierte en un espacio de respeto y memoria. Las lápidas de hormigón, grabadas con los nombres de los gatos que cruzaron el arco iris, cuentan una historia propia. Desde Errol Flynn, quien regaló su cariño y travesuras desde 1999 hasta 2005, hasta aquéllos que compartieron nombres con celebridades de antaño, como Willard Scott y Kim Novak. Cada nombre tallado en piedra es un tributo a la vida que una vez llenó esos jardines y la casa misma.

La mayoría de estos animales están castrados, pero

siempre quedan gatos fértiles para que la dinastía de Snowball perdure. Por lo tanto, no es de extrañar que a los gatitos que presentan esta mutación se los denomine «gatos Hemingway» y que sean considerados como portadores de buena suerte en el mar y excelentes cazadores.En el museo de Hemingway, donde la vida y la literatura se mezclan, los gatos se convierten en guardianes de una historia compartida. En los nombres grabados en las lápidas, en los ronroneos que se escuchan entre las palabras y en la mirada inmutable de un gato en reposo, encontramos una conexión que trasciende el tiempo y los espacios. En cada mirada de esos ojos ámbar, azules o verdes, en cada rincón donde se acurruquen, vemos un eco de la pasión y el cariño que Hemingway compartió con sus fieles compañeros felinos.

*El primer gato nombrado jefe ratonero en la vivienda del primer
ministro inglés fue en 1929. Desde entonces, y salvo con Blair, en
Downing Street siempre ha habido un gato para delicia de la prensa*

IV
LOS JEFES RATONEROS DE DOWNING STREET

*El gato es el único animal
que ha logrado domesticar al hombre.*

Winston Churchill

Cada vez nos esforzamos más para encontrar historias curiosas sobre gatos y cada vez nos convencemos más de que a través de estas historias felinas aprendemos sobre la vida en otros países, sobre sus gentes, sus vivencias y sus relatos.

Ésta es una crónica singular, una que hunde sus raíces en las intrincadas líneas de la historia política de Inglaterra y que nos lleva a través de sus residentes los jefes ratoneros al icónico número 10 de Downing Street, residencia del primer ministro británico.

La tradición de los gatos ratoneros en los majestuosos castillos y edificios gubernamentales de Gran Bretaña viene de tiempos de Enrique VIII. Según cuentan, el cardenal Wolsey (1471-1530), ministro principal de Enrique VIII, demostró un amor inquebrantable por estos animales y no dudaba en llevarlos a sus cenas de Estado, eventos, servicios religiosos e incluso cuando tenía que impartir justicia como lord canciller de Inglaterra.

En una época en la que ser amante de los gatos conllevaba cierta peligrosidad (el papa Inocencio VIII los consideró servidores de Lucifer en una bula y abrió las puertas a su muerte en la hoguera), el cardenal desafió a todo y a todos. Wolsey los llevaba consigo incluso en asuntos de Estado con su majestad o en sus viajes diplomáticos. Hoy, una estatua de bronce en Ipswich, su ciudad natal, lo inmortaliza junto a uno de sus queridos gatos.

El nombramiento del primer jefe ratonero de Downing Street data de 1929. El 3 de junio de ese año el Departamento del Tesoro dio luz verde para destinar parte del presupuesto a mantener un experto gato ratonero. Pero, claro, sin salario. Su labor consistiría en mantener libre la casa del primer ministro de ratas, ratones y otras criaturas indeseadas.

El primer gato en ostentar este cargo oficial fue Rufus de Inglaterra, un gato callejero de color melocotón, eficiente en la caza y que estuvo bajo el mandato del primer ministro laborista Ramsay MacDonald. Apodado Treasury Bill, se sentía tan orgulloso de sus presas que solía llevarlas ante su jefe hasta que descubrió que éste las tiraba en la basura de los pasillos y comenzó a depositarlas él mismo junto a los cubos, para que los limpiadores se encargasen de ellas.

Con el tiempo se cuenta que Bill empezó a perder peso y su esbelta figura se tornó aún más fina. Esto llevó al secretario del Tesoro a exponer a los lores que la asignación para su cuidado se había vuelto insuficiente, dada la subida del coste de la vida. Sus señorías debatieron cuidadosamente el asunto en el Parlamento y rechazaron aprobar el aumento solicitado.

Bill, astuto y determinado, decidió tomar cartas en el asunto y un día que paseaba inspeccionando el lugar halló una puerta medio entornada y logró colarse en el despacho del canciller de Finanzas. Allí, desplegando sus artimañas felinas, ablandó el corazón del mandatario y logró un resultado glorioso, puesto que el rígido político no pudo resistirse a sus encantos.

El canciller redactó una nota que decía: «Voto del Tesoro: apruebe el aumento en la asignación del gato». El proyecto de ley para incrementar el «salario» de Bill fue presentado al Parlamento, debatido y aprobado. Y así Rufus se transformó en letra del Tesoro (*treasury bill*), un felino que dejó su huella, no sólo en el ámbito de la caza de ratones, sino en la historia política de Inglaterra.

El primer intrépido ratonero de Downing Street compartió sus deberes con otro felino llamado Peter que ocupó su lugar cuando él cruzó el arco iris.

NELSON, UNA BOTELLA CALIENTE
PARA LOS PIES DE CHURCHILL

Cada gato es distinto y atrae distintas situaciones, y la suerte de Peter, un felino lustroso de negro pelaje, tomó un rumbo diferente al de su predecesor. Los funcionarios de la oficina le recibieron con tanta alegría que no escatimaron en obsequiarle con todo tipo de *delicatessen* traídas desde su casa, y el resultado fue que Peter aumentó de peso y se volvió perezoso, abandonando la persecución de ratones.

El Gobierno debió intervenir, gestionando una cuenta de gastos de un penique diario a través del Tesoro para su manutención y recomendando a los funcionarios moderar sus atenciones con el jefe ratonero. Con la reducción de alimento, Peter retomó su labor con renovado interés y pasión.

En el cumpleaños número 88 de Sir Winston, le regalaron un gato de mermelada llamado 'Jock' al que amaba mucho, tanto que Jock incluso fue invitado de honor en la boda del nieto de Churchill, ocupando un lugar destacado en medio de las fotos familiares

Peter sirvió bajo el mandato de cinco primeros ministros: Ramsay MacDonald, Stanley Baldwin, Neville Chamberlain, Winston Churchill y Clement Attlee. Con ellos vivió momentos históricos como la Segunda Guerra Mundial y los bombardeos del Blitz sobre Londres.

Con Chamberlain llegó Nelson, un gato gris oscuro que

Churchill adoptó después de presenciar cómo perseguía a un enorme perro calle abajo. «Nelson es el gato más valiente que he conocido —afirmó—. Decidí adoptarlo y otorgarle este nombre en honor a nuestro gran almirante». Sin embargo, la rivalidad entre Peter y Nelson se puso de manifiesto desde el principio y fue tema de titulares de prensa.

El público se preguntaba si Nelson seguiría a su dueño Chamberlain cuando abandonara el número 11, pero no lo hizo. El gato negro ganó la batalla y se coronó como el jefe ratonero victorioso. Con frecuencia se le avistaba junto a Churchill en las reuniones de gabinete durante los años de guerra.

En esos tiempos, pocas cosas quedaban fuera de las anécdotas gatunas y, como muestra, este suceso acaecido con el ministro de Educación, Rub Butler. Se cuenta que visitó al primer ministro con un documento para la firma que, una vez leído, no fue del agrado de Churchill. Visiblemente molesto, le dijo que se esforzaba más su gato, que, al menos, hacía las veces de botella de agua caliente para que él entrara en calor los días fríos de invierno.

Peter se fue en 1946, a la edad de diecisiete años, y su lugar fue ocupado por Peter II, que no pudo ser nombrado jefe ratonero porque fue atropellado por un coche un año después. El relevo continuó con Peter III, quien ocupó el puesto durante la Administración de Attlee y Churchill en la década de los cincuenta.

En 1958, Peter III adquirió una enorme popularidad al aparecer en el programa *Tonight* de la BBC, desencadenando una avalancha de cartas y regalos de seguidores de todo el mundo. Lamentablemente, no pudo aceptar tantas dádivas debido a su posición como funcionario público.

La hoja de servicios de Peter III estuvo a punto de

mancharse un día de celebración que la casa se preparaba para recibir a la primera autoridad del Estado. El jefe ratonero sufrió un problema intestinal y manchó el felpudo minutos antes de la llegada de la reina Isabel. Afortunadamente, un sagaz funcionario arrojó el felpudo por la ventana para evitar un desastre.

Peter III falleció a los dieciséis años a causa de una infección hepática. Su tumba se encuentra en el cementerio de animales de la PDSA en Ilford, compartiendo espacio con Simon, el superviviente felino del Amatista. La lápida la costearon sus devotos admiradores de los tres continentes.

LA GATA QUE LOGRÓ QUE LE DOBLARAN EL SUELDO

La sucesión al cargo se llevó a cabo con prontitud, aunque esta vez desde un origen diferente. Hasta 1964, el cargo de jefe ratonero había sido ejercido por gatos callejeros de naturaleza ruda pero astuta. Sin embargo, en esta ocasión, sir Ronald Garvey, gobernador de la isla de Man, envió un gato de la renombrada raza manx a Downing Street.

Esta raza, oriunda de su isla, se caracteriza por su noble linaje y su ausencia de cola, y así el nuevo ratonero se hizo con el famoso trabajo, aunque, en realidad, era una gata, la primera jefa ratonera del gabinete que inauguró la década yeyé. Su verdadero nombre era Manninagh Katedhu, pero en honor a los anteriores gatos determinaron llamarla Peta. Fue presentada al ministro del Interior Henry Brooke en persona y decidieron que, ya que era la primera hembra en el cargo, su salario sería el doble que el de los Peter anteriores.

Sin embargo, la linda Peta demostró no ser apta para sus deberes. Sus días transcurrían entre dormitar y maullar, haciendo un uso inadecuado de los areneros y sin cumplir las reglas, lo que provocó que una facción de funcionarios del gabinete deseara relegarla de su puesto.

A pesar de ello, el Gobierno optó por enmascarar sus deficiencias, puesto que ya Peta había conquistado a la opinión pública y despedirla podría generar publicidad negativa debido a su «estatus diplomático». Optaron por retirarla silenciosamente y la enviaron al campo para disfrutar de una vida ociosa en los primeros años de la década de 1970.

En 1973, un nuevo protagonista aterrizó en Downing Street. Su nombre era Willbeforce y había sido rescatado de un refugio en Londres. Este galante felino blanco y negro era un cazador consumado y logró muy pronto el favor de todos.

Margaret Thatcher mantuvo una relación cercana con Willbeforce, llegando incluso a comprarle una lata de sardinas durante uno de sus viajes a Moscú. Cuando apareció en televisión con el regalo, los seguidores del jefe ratonero desbordaron el buzón con miles de cartas de admiración.

Por desgracia, Bernard Ingham, el secretario de prensa de Thatcher, padecía de asma y alergia y cada lunes por la mañana tenía que airear el despacho, ya que Willbeforce, entre cacería y cacería de ratones, pasaba los fines de semana descansando en su escritorio. Aquello no jugaba en favor del gato.

Willbeforce se retiró en 1986 y se mudó a casa de uno de sus cuidadores en el campo, pero antes de eso logró que el Gobierno firmara una pensión vitalicia para su mantenimiento.

LOS BLAIR NO AMAN A LOS GATOS

El siguiente en irrumpir en el ilustre edificio fue un gato callejero, blanco y negro, de pelaje largo, al que se le otorgó el nombre de Humphrey en honor al renombrado funcionario sir Humphrey Appleby, una figura bien conocida de los programas televisivos *Sí, ministro* y *Sí, primer ministro*.

Humphrey fue descubierto por un funcionario en las proximidades de la residencia del primer ministro cuando aún no había cumplido un año. Debido a sus dotes de caza bien afianzadas, se ganó rápidamente el título de jefe ratonero del gabinete. Le fue asignado un salario de cien libras al año, lo que agradó mucho a la señora Thatcher, pues resultaba mucho más económico que los 4000 que cobraba la empresa de control de plagas anualmente.

Humphrey poseía un carácter sociable que le permitía interactuar con todo tipo de individuos. Los *photocalls* no representaban un problema para él, pues posaba con la innata elegancia de los felinos. En general, el mundo político, las celebridades y la realeza apenas lograban captar su atención. Sin embargo, en una ocasión, mantuvo al rey Hussein de Jordania en vilo, pues rehusaba abandonar la alfombra roja que habían dispuesto para su llegada. Un policía debió intervenir para persuadirlo de que aquel día él no era el «rey».

Paseaba con destreza y elegancia por las edificaciones de los números 10 y 11 de Downing Street, es decir, de la residencia del ministro de Hacienda a la oficina adyacente del gabinete y, aunque su apacible actitud podía sugerir lo contrario, la vida de Humphrey no estuvo exenta de incidentes.

Cherie Blair, esposa del primer ministro británico, sostiene al gato Humphrey en 1997, el año en que fue desalojado del número 10 de Downing Street

En 1994, fue acusado de robar polluelos de petirrojos que anidaban cerca de la ventana del primer ministro John Major. No obstante, este último defendió apasionadamente al gato, convencido de que no era un asesino en serie y, tras una meticulosa investigación, Humphrey fue declarado inocente. Años después se descubrió que un periodista del *Daily Telegraph* había inventado la historia cuando el primer ministro le mostró el nido donde los polluelos ya estaban muertos y parecía que sus padres los habían abandonado.

En una visita del presidente Clinton, estuvo a punto de ser arrollado por su imponente Cadillac presidencial de dos toneladas debido a su curiosidad sin límites, que le llevó a investigar el nuevo objeto con ruedas que habían colocado a la altura de sus bigotes.

En 1995, vivió otra peripecia cuando desapareció y se supuso que había fallecido. Un periodista malintencionado afirmó que había sucumbido, probablemente, debido a su afición desmedida por las golosinas. Sin embargo, en realidad se había mudado a una corta distancia, al Royal Army Medical College, donde lo habían acogido creyéndolo un gato callejero. Curiosamente, cuando *The Times* publicó tres meses después su desaparición, incluyendo un obituario con su imagen, los médicos del colegio se dieron cuenta de quién era su nuevo inquilino. Habían nombrado al gato PC (*patrol cat*, «gato patrulla,»), y cuando acudieron a buscarlo lo encontraron durmiendo apaciblemente en el cuartel de los soldados.

El personal de Downing Street envió un coche con chófer para recogerlo. La prensa internacional se hizo eco del acontecimiento y hasta llegó una felicitación por parte de Socks Clinton, el «primer gato» de Estados Unidos morador de la Casa Blanca.

La siguiente peripecia quizás no haya sido tan ampliamente difundida, pero vuelve a mostrarnos lo singular que era Humphrey, nuevamente en el centro de la acción. En esta ocasión, el gato fue «secuestrado» mientras paseaba por St. James Park por una mujer alemana llamada Hanni. Convencida de que era un gato abandonado, lo tomó en sus brazos y lo llevó al veterinario, que lo reconoció de inmediato. Tras hacer una llamada a Downing Street, se confirmó que el gato había desaparecido, por lo que Frau Hanni tuvo que devolverlo. Durante las Navidades de 1996 y 1997, Humphrey apareció en las tarjetas de felicitación enviadas por el gabinete.

En mayo de 1997, el cambio de primer ministro marcó un giro en la vida de Humphrey. Llegaban los Blair al número 10 y corrían rumores de que a Cherie Blair no le agradaban los gatos porque era alérgica y, además, creía que eran poco higiénicos. Conocedores del cariño del pueblo británico por estos animales, les aconsejaron apaciguar a la opinión pública y mandaron a la prensa una fotografía de Humphrey en los brazos de la señora Blair, negando rotundamente que el jefe ratonero fuera a ser despedido.

Aquello fue un paripé y en apenas seis meses, el 13 de noviembre de 1997, Humphrey dejó la residencia presidencial. La prensa se llenó de comentarios humorísticos, insinuando que, después de ocho años de servicio con los conservadores, el felino se encontraba ahora ante las promesas incumplidas por parte de los laboristas.

La presión social llegó a tal extremo que incluso acusaron a Cherie Blair de haber matado al gato. Oficialmente, se afirmó que Humphrey fue «retirado de la política por razones de salud». Sin embargo, ante la persistencia de la controversia y las demandas de una prueba de vida de Humphrey, una delegación de periodistas políticos fue conducida a un lugar secreto al sur de Londres, donde pudieron verificar que el gato gozaba de buena salud en su retiro idílico.

Como si fuera un rehén, el jefe ratonero posó para las fotos sosteniendo los periódicos del día junto a su nuevo compañero, un pez de colores. El fotógrafo Sean Dempsey, que había capturado en imágenes al minino en diversas ocasiones, recordó que Humphrey lo saludó «restregándose como si fuera un viejo amigo» dejando patente su identidad.

Humphrey cruzó finalmente el arco iris a los dieciocho años, tras una jubilación placentera. El diputado conservador Roger Gale le rindió homenaje, recordando cómo solía encontrarlo en la silla del portero, durmiendo despreocupadamente, lo que resultaba reconfortante para quienes ingresaban a ese lugar por cuestiones de negocios. Su partida fue sentida, especialmente después de que los Blair llegaran y él tuviera que retirarse. Gale añadió que su muerte era lamentada por todos y que sería recordado con gran afecto.

Cuando, en virtud de la Ley de Libertad de Información, se abrieron al público numerosos archivos gubernamentales, se encontró un memorándum sobre Humphrey en el que podía leerse: «Tiende a comer poco y con frecuencia, sabiendo que puede obtener comida cuando lo desee. Es adicto al trabajo, pasa la mayor parte del día en la oficina, no socializa mucho ni asiste a muchas fiestas, y no ha estado involucrado en ningún escándalo sexual o de drogas que conozcamos».

LA ERA DE LARRY Y LOS ESPÍAS GATUNOS

Después de una década sin gato en la residencia del primer ministro, llegó Sybil, una gatita escocesa blanca y negra llena de vitalidad. Fue la segunda hembra en ostentar el cargo de jefa ratonera. Sybil llegó a Londres desde Edimburgo junto al canciller Alastair Darling y su esposa. Ya tenía una buena reputación como cazadora, pero, aunque realizó su trabajo con eficacia, no logró adaptarse completamente a la ajetreada vida del gabinete. Recibió numerosas cartas de admiradores, algunas incluso escritas por otros gatos que firmaban con sus huellas, y ella respondía regularmente con la misma gentileza felina. Los Darling tenían tarjetas impresas con la imagen de Sybil y la huella de su pata. Las utilizaban para contestar todo el correo.

El tiempo puso a la cazadora en su lugar. Tras seis meses de intentos infructuosos de adaptación, Sybil se marchó a vivir con unos amigos en un barrio más tranquilo. Así, Downing Street quedó nuevamente sin un guardián felino.

Con el paso de los años, algunas cámaras captaron la presencia de ratas correteando por los escalones del número 10. Una «facción pro-gato» de las que siempre abundan no tardó en levantar la voz instando al ministro David Cameron y su familia a reclutar un nuevo *mouser*.

El refugio de Londres, Battersea Dogs & Cats, presentó a un gato blanco y negro llamado Croket, pero la decisión del primer ministro se hacía de rogar. Finalmente, el 14 de febrero se anunció que un nuevo felino, Larry, había sido seleccionado de una larga lista por los dos hijos mayores de Cameron.

La maquinaria mediática se puso en marcha y al día siguiente la BBC transmitió la llegada de Larry a Downing Street. El refugio emitió un comunicado de prensa destacando que el excallejero «era un buen partido» debido a su sociabilidad y amor por la atención y el contacto humano, cualidades ideales para la bulliciosa vida política.

Larry había sido rescatado de las calles de Londres, donde se pensaba que podía haber vivido entre tres y cinco años, a principios de enero. Un *photocall* se llenó de cámaras en su presentación y el nuevo *mouser* resistió valientemente frente a la prensa, a pesar de que cualquier otro gato hubiera estado abrumado por el alboroto. Sin embargo, al final del día, el minino decidió lanzar una garra a una reportera cuando lo tomaron en brazos para una entrevista, demostrando cierta incomodidad ante tanta atención.

La noticia de la llegada del nuevo «mouser» británico se esparció por todo el mundo en cuestión de horas, y en nada aparecieron tres cuentas de Twitter que afirmaban ser la voz oficial del gato presidencial.

The Guardian, tras consultar fuentes en la oficina del gabinete, aclaró que Larry no sería una mascota familiar ni un gato oficial del Gobierno, sino más bien un «gato de oficina». En consecuencia, los costos de su cuidado serían asumidos por el personal del edificio y no por el tesoro público. También se reveló que el gato tenía acceso a casi todas las partes de los números 10 y 11 de Downing Street.

Larry, ratonero en jefe de la Oficina del Gabinete
del Reino Unido, en su foto oficial de 2016

Poco después de su llegada, circularon rumores de que su antiguo dueño lo había reclamado, afirmando que su nombre real era Jo y que había desaparecido hacía varios meses. Incluso se lanzó una campaña en redes sociales para pedir el regreso de Larry. Los medios de comunicación siguieron con interés la trama, hasta que se descubrió que todo había sido una farsa, una artimaña para ganar notoriedad.

Cuando el presidente Barack Obama visitó a David Cameron en mayo de 2011, tuvo la oportunidad de conocer a la estrella peluda e incluso le llevó un regalo en nombre del Gobierno estadounidense: un juguete en forma de ratón.

No sabía el bueno de Larry que un año después comenzaría a vivir una pequeña pesadilla que iba a perturbar su apacible vida. Ocurrió cuando el ministro de Hacienda, George Osborne, se mudó con su familia a Downing Street y coincidió que su gata Freya, que había estado desaparecida durante dos años, apareció milagrosamente. Esto dio pie a teorías sorprendentes, como que era un agente secreto chino, un «espía ronroneante» que utilizaban para espiar en reuniones secretas mediante algún dispositivo electrónico insertado bajo su piel. Hubo quien sugirió, incluso, que la vieron en maniobras militares de la Royal Navy, ante lo que los asesores de Osborne respondieron de forma ingeniosa que Freya pertenecía al Departamento de Hacienda y que, por lo tanto, tenía acceso a todas partes.

Freya se hacía más y más popular, al punto de que corrió el rumor de que compartía el título de jefa ratonera con Larry, lo que fue categóricamente desmentido reafirmando a este último como el «único» jefe. El jefe ratonero se empoderó y en 2013 se corrió el rumor de que estaba considerando postularse como alcalde de Londres. En el refugio donde fue rescatado, se le homenajeó con una placa conmemorativa azul que proclamaba: «Larry, el gato de Downing Street, vivió aquí».

EL BREXIT TAMBIÉN SUCUMBE
A LOS RONRONEOS

Ese mismo año también corrieron rumores de tensiones entre David Cameron y el gato, lo que llevó al primer ministro a tener que emitir unas declaraciones aclaratorias asegurando que la relación entre ambos era perfecta y que se llevaban «bien ronroneando».

En noviembre de 2014, Freya abandonó Downing Street y, cuando parecía que la paz regresaba al territorio felino del gabinete, apareció Palmerston. Este astuto cazador provenía de la oficina de exteriores de la Commonwealth, ubicada en un edificio cercano. Las fronteras de sus territorios se superponían, y con ello arreciaban los conflictos.

Palmerston era lo que llamaban un gato «tuxedo» (blanco y negro, como si llevara un frac). Su nombre era un homenaje a Lord Palmerston, un exsecretario de Relaciones Exteriores británico. Philip Hammond, el secretario de Relaciones Exteriores en ese momento, se vio en la obligación de dar explicaciones en la Cámara de los Comunes ante las preguntas que se planteaban: ¿era Palmerston un espía o un topo durmiente de la Unión Europea u otra potencia extranjera? A estas inquisiciones, Hammond respondió con un toque de humor: «Definitivamente no es un topo y puedo asegurar categóricamente que ha sido revisado regularmente. En cuanto a ser un "durmiente", definitivamente lo es, me lo dicen muy a menudo en mi oficina...».

Las tensiones entre los dos felinos alcanzaron un punto crítico el 11 de julio de 2016. Tras varias incursiones y encuentros donde Palmerston se colaba sin permiso en el número 10 y tenía que ser gentilmente escoltado por la policía fuera del edificio, las hostilidades derivaron en una gran trifulca. Larry, que perdió su collar en la refriega, resultó ileso, pero Palmerston sufrió una herida en la oreja.

Con el ánimo humillado y el estrés acumulado, el pobre Palmerston fue dado de baja para recuperarse durante seis meses. Desarrolló un tic de lamido obsesivo debido al estrés y, tras su merecido descanso, volvió a su trabajo bajo el régimen de los *Protocolos de Palmerston*, diseñados para asegurar su bienestar y prevenir la sobrealimentación y el estrés.

En agosto de 2020, Palmerston anunció su jubilación después de cuatro años y medio en el cargo. Fue apodado Diplomog (una combinación de «diplomático» y «gato»), y en una carta dirigida a sir Simon McDonald expresó su satisfacción por trepar por los árboles y patrullar los campos de su nuevo hogar en el campo. Aunque había dejado oficialmente su puesto, afirmó que seguiría siendo un embajador para el Reino Unido.

Mientras tanto, Larry continuó con su vida inmutable. No hace mucho tiempo, durante una visita del presidente Trump en un día lluvioso, decidió refugiarse debajo de su limusina blindada, apodada la Bestia. Las alarmas policiales sonaron y el minino se negó a abandonar su refugio.

La página web del Gobierno británico incluso dedica un apartado al felino en el que se menciona que entre sus responsabilidades se encuentran saludar a los invitados, inspeccionar los mecanismos de seguridad y probar la calidad de los muebles antiguos para la siesta.

Larry se ha vuelto tan popular en el país que cuando Theresa May asumió el cargo, después de Cameron, decidió mantenerlo en su puesto y le colocó una bandera en el collar en honor al Brexit. Desde su cuenta no oficial (@number10cat) se bromeaba con la idea de que Larry hubiera podido obtener un acuerdo más favorable en Bruselas que la ministra May.

Se dice que ha permanecido en su cargo más tiempo que cualquier político de cualquier partido en el Reino Unido y, aunque la vida en Downing Street continúa y más gatos han desfilado por ese emblemático lugar en un esfuerzo por ayudarle, él ha continuado con el desafío de mantener a raya a los roedores que pululan por la oficina del gabinete y los edificios circundantes.

Larry, el último de los jefes ratoneros, puso en serios apuros a Theresa May al esconderse en los bajos del coche de Donald Trump y hacer sonar todas las alarmas. La agencia Reuters se lo contó al mundo entero

La llegada de Gladstone al Ministerio de Hacienda, bautizado así en honor al canciller William Ewart Gladstone, ha sido de gran ayuda para el viejo jefe, que ya prefiere dormir a correr. Se rumorea que ninguno de los jefes ratoneros tiene el magnífico historial de caza que él muestra. De hecho, se ha ganado la reputación de ser un «asesino a sangre fría». Registró seis capturas en sus primeros tres meses en el cargo.

Las comparaciones son inevitables y los funcionarios del Tesoro no pueden evitar mencionar que Larry tardó seis meses en atrapar a su primera presa. Al concluir su primer año, el ratonero del Tesoro acumuló en su lista veintidós ratones y dos moscas como parte de sus trofeos.

El gato Gladstone con Sajid Javid, el canciller de la Hacienda del Reino Unido y ministro de Sanidad durante el gobierno de Boris Johnson. (foto: HM Treasury)

Gladstone ha establecido su dominio en el área del edificio de Tesorería (Hacienda). Palmerstone, como siempre, patrulla la zona del Ministerio de Relaciones Exteriores, mientras que Larry sigue siendo el soberano de la residencia en el número 10. Pero la rivalidad entre estos felinos trasciende los límites físicos de los edificios gubernamentales.

Cada gato tiene su propio jefe de prensa y emite comunicados oficiales en sus redes sociales. La prensa, complacida, alimenta esta rivalidad, realizando encuestas de popularidad felina para determinar cuál de los gatos es el favorito.

La información sobre estos peculiares personajes se encuentra en abundancia en internet, con entrevistas sobre sus gustos, clasificaciones de sus hazañas y una multitud de fotografías comentadas que no dejarán de arrancarnos una sonrisa felina.

Nada parece hacer peligrar la saga de los *mousers* británicos en Downing Street, un mundo donde los gatos no sólo cazan ratones, sino que también cosechan admiración y cariño por igual.

Figuras de maneki-neko en el templo Gotokuji

V

BARRIOS DE GATOS, GATOS SOBRENATURALES Y EL *MANEKI-NEKO*

Igual que a los seres humanos, así les sucede a los gatos: si algo se hace más de tres veces, se convierte en un hábito.

Natsume Soseki

En ningún rincón del mundo se rinde un culto tan devoto a los gatos como en Japón. El amor de este pueblo por los felinos se ha extendido a lo largo de más de mil años y, en la actualidad, hay islas donde los gatos superan en número a los humanos. Desde los pioneros *cat cafés* hasta los santuarios de gatos y las estaciones de tren donde gatos ocupan el cargo de líderes, Japón es un paraíso para los amantes de los mininos.

Imagina un país donde se han publicado más de 5400 libros en la última década sobre gatos, superando en cantidad a temas como el budismo, el béisbol, el fútbol o el sake. Es un país donde los gatos están presentes en todas partes: en la realidad, en la porcelana, en los dibujos animados, en las pinturas…

Los gatos llegaron a Japón desde China como pequeños compañeros en los barcos de los primeros monjes budistas en el siglo VI. Tenían el deber de proteger los pergaminos de las enseñanzas budistas de los roedores, y los monjes continuaron manteniéndolos en los templos con ese propósito. Esta conexión con el budismo atribuye a los gatos un significado espiritual, de luz, calma y armonía. Los monjes aseguran que la persona que no se relaciona bien con su inconsciente nunca conectará por completo con un gato. Demos una vuelta a esto.

Nekomata de El Volumen ilustrado de cien demonios. Año 1737

La relación entre los japoneses y los gatos dio un giro interesante en el siglo x. En el año 902, el emperador promulgó una ley que prohibía la compra y venta de gatos y, en su lugar, instaba a dejarlos libres para que ayudaran a controlar a los roedores que amenazaban la industria de la seda del país. Los gatos, más allá de su espiritualidad, habían salvado no sólo la religión sintoísta, sino también la prosperidad económica de Japón. Así, los gatos empezaron a ganarse un lugar especial en el corazón de los japoneses.

Las leyendas comenzaron a tejerse en torno a estos felinos, dando origen a la figura del *bakeneko*, un gato capaz de adoptar forma humana y con habilidades sobrenaturales. Los gatos, en su mágico papel, se convirtieron en un puente entre el mundo de los vivos y el de los espíritus.

¿Cómo se producía esta transformación? Para que un gato se transformara en *bakeneko* tenía que vivir un número determinado de años (algunos lo cifran en cien, otros ponen el tope más cerca en los trece) o debía tener una cola larga. Son gatos con habilidades sobrenaturales, con capacidad para manipular a los espíritus y los muertos y que podían hablar, conjurar y lanzar fuego.

Los nipones estaban convencidos de que si un gato adoptaba la forma de una mujer, ésta carecería de sombra humana y mantenía su sombra de gato originaria. Esto seguramente tiene que ver con el hecho de que el aceite de las lámparas era de pescado y a los gatos les gustaba acercarse a beberla, proyectando enormes sombras en la pared mientras las mujeres estaban cerca.

Otro gato sobrenatural es el *nekomata*. Se creía que cuando a un gato doméstico se le empezaba a bifurcar la cola podía apoyarse en ella y caminar erguido y por eso en el antiguo Japón se la cortaban. Hay multitud de obras, relatos y teatros que tratan este asunto, lo que nos lleva al *bobtail*, un gato que se menciona por primera vez en un manuscrito del tutor de la emperatriz de Japón en el año 1000 y es el más apreciado y antiguo del país.

La imagen del gato *bobtail*, con su característica cola corta, también tiene su propia leyenda, que conecta con el famoso gato de la buena suerte, el *maneki-neko*, presente en los negocios de todo Japón.

LA LEYENDA DEL GATO BOBTAIL: LA CHISPA DE LA SUERTE

En las antiguas callejuelas de Japón, se cuenta una leyenda nacida entre la realidad y la magia, entre los susurros de los ancestros y el destello de la buena suerte. Es la historia del gato *bobtail*, un ser que desató una serie de acontecimientos inesperados y cambió el destino de aquéllos que se cruzaron en su camino.

En un tranquilo pueblo japonés vivía un gato llamado Tama que tenía una peculiaridad que lo hacía destacar: una cola corta y esponjosa, como un pompón de suerte. Su dueño, un anciano humilde y sabio, lo cuidaba con ternura y aprecio, pues Tama parecía llevar consigo una brisa de felicidad.

Un día sombrío la maldición del fuego cayó sobre las viviendas de madera, y Tama, desafiando el peligro y guiado por un instinto ancestral, corrió de casa en casa, maullando y llamando la atención. En el colmo del caos, un niño y su madre lograron seguir al gato, que los condujo fuera del peligro, a salvo de las llamas que se apoderaban de sus hogares.

El templo Gotokuji es el templo de los gatos y el lugar donde se originó la leyenda del maneki-neko, el gato que levanta su pata superior derecha y atrae la buena suerte. No hay un solo negocio en Japón que no tenga este símbolo de la buena suerte

La noticia del heroísmo de Tama se extendió como el viento y la gratitud tejió un hilo dorado entre el gato y los aldeanos. El anciano sabio, con lágrimas en los ojos, le otorgó un collar adornado con un cascabel, símbolo de protección y buena fortuna. Así nació entonces la leyenda del gato bobtail.

El gato *bobtail*, con su cola corta y cascabel tintineante, se convirtió en el símbolo de la prosperidad y la prevención de desastres. Los aldeanos, inspirados por el coraje del felino, comenzaron a cortar las colas de sus gatos jóvenes en un acto preventivo, desatando una costumbre que se fusionaría con la tradición. Con el tiempo, nació el *maneki-neko*, el gato de la buena suerte, con una pata levantada en un gesto de bienvenida.

Rótulo de establecimiento comercial grabado en madera, con un
maneki-neko, de principios del s. xx. Mingei International Museum

Es un hecho que los gatos en Japón han influido en todo,
incluso en los templos. Lugares como el Azusamiten y el
templo Nyan Nyan nos presentan a los felinos como seres
espirituales de protección y compañía. Además, barrios
enteros como Yanaka se entregan al encanto gatuno,
llenando calles y cementerios con la presencia de estos seres
mágicos. Incluso el mundo literario ha sido tocado por la
pata mágica de los gatos japoneses, con obras como *Soy un
gato*, de Natsume Soseki, que nos permite ver a través de los
ojos felinos la sociedad de principios del siglo xx.

Japón, con su rica historia de leyendas y amor incondicional por los gatos, se ha convertido en un paraíso felino
donde los mininos son más que simples mascotas: son seres
espirituales y guías en la vida cotidiana.

LOS GATOS NIPONES: DE JEFES DE ESTACIÓN A MONJES EN SANTUARIOS

En las tierras de Japón existen historias que perduran en el corazón de cada nipón. Una de ellas cuenta que en un pequeño templo vivía un monje acompañado por una gata de mirada sabia llamada Hana. A pesar de las escasas posesiones y su vida sencilla eran felices, pues compartían un amor genuino y profundo. En un día tormentoso, cuando el cielo rugía y los relámpagos iluminaban la oscuridad, un noble errante se refugió bajo un árbol cercano al templo. Mientras el noble aguardaba a que la lluvia amainara, su mirada se encontró con los ojos inquisitivos de Hana, quien movía su patita de manera intrigante.

Koyuki, el gato monje, es el felino más popular del templo Nyan Nyan

El noble, sorprendido por la extraña conducta del animal, salió de su escondite y se acercó a la gata. En el preciso instante en que sus ojos se cruzaron, un rayo cayó del cielo incendiando el árbol bajo el cual se refugiaba el noble. Hana, con su gesto misterioso, había salvado la vida del hombre. Agradecido y asombrado, el noble se convirtió en un devoto del templo y del monje, cuyas enseñanzas le cambiaron el corazón.

El noble no sólo reconstruyó el templo, sino que también se aseguró de que el monje y su gata nunca volvieran a pasar necesidades. El templo que perdura hasta hoy es conocido como Gotokuji y en él hay pinturas en honor a Hana y miles de figuras del *maneki-neko*.

El *maneki-neko*, con su característico cascabel colgado, se convirtió en un amuleto esencial para los comerciantes, atrayendo riqueza y éxito. El color de su pelaje y la posición de sus patas tienen su significado: el dorado atrae la prosperidad, el negro aleja la mala fortuna y el blanco simboliza la paz y la espiritualidad. Hay otros templos que reflejan la conexión entre los humanos y los gatos. En Tokio encontramos el Azusamiten, conocido como el santuario para el regreso de los mininos donde acuden los que han perdido a sus amigos peludos y piden su regreso. En Kioto, el templo Nyan Nyan, que significa «miau miau», está decorado con obras de arte que rinden homenaje a los felinos. La cabeza de la comunidad de monjes es una gata blanca llamada Koyuki y, junto a sus seis ayudantes, recibe a los visitantes con la gracia que sólo los gatos pueden ofrecer.

YANAKA, UN BARRIO TOMADO POR MININOS

Dejamos atrás los recuerdos y nos sumergimos en el siglo XXI, en el Japón bullicioso donde sus habitantes siguen teniendo una conexión especial con sus amigos felinos.

En el corazón de Tokio se encuentra el barrio de Yanaka, uno de los pocos lugares que sobrevivió al terremoto de 1923 y a los bombardeos de la Segunda Guerra Mundial, quizás por la buena suerte de los gatos que siempre encontraron en sus calles un refugio seguro y que hoy son los embajadores del barrio. No es necesario adentrarse en los modernos cafés para experimentar la compañía de un felino; basta con agacharse en una callejuela para encontrarlos. Aunque éste sea el barrio con más maullidos y ronroneos de Tokio, hay otros muchos que le prestan especial atención. En Kagurazaka, el barrio donde vivió Soseki, se celebra desde 2010 el festival del gato monstruo para agasajar a todos los gatos en general y a los *bakeneko* en particular. Acuden miles de personas y la única recomendación es ir disfrazado de gato.

En un país donde los gatos son más que mascotas, los *cat cafés* se han convertido en un fenómeno global, nacidos de la necesidad de muchos por acariciar a un gato cuando no podían tener uno en casa. Dado su éxito, muchas empresas decidieron permitir la presencia de estos animales en el trabajo, convencidos de que su ronroneo y su magia eran un desestresante para los empleados.

En este territorio, ser un gato es sinónimo de suerte y nobleza. Desde ser los protagonistas de mangas y leyendas hasta inspirar negocios y obras de arte, los gatos nipones han dejado una huella imborrable en la cultura y el corazón de Japón.

Participantes en el desfile de la festividad de BakeNeko

El 22 de febrero (20 en Europa) es un día feliz en el imperio del sol naciente, ya que se celebra el Nya Nya Nya o el Día del Gato. Este nombre evocador tiene un significado más profundo de lo que parece a simple vista. En Japón, los gatos no maúllan, sino que hacen un sonido llamado «nya», que suena parecido a la palabra japonesa para el número dos. Por esta razón, el día se celebra el 22 (dos veces dos). Esta elección revela la tendencia simbólica y poética de los japoneses en su relación con el mundo que los rodea.

MUEBLES PARA GATOS, GATOS PARA TODO

En este país, donde los gatos se convierten en anfitriones de lujo, el concepto de hoteles que alquilan gatos a huéspedes en busca de compañía y ronroneos está en ascenso. Esta idea ha desencadenado una ola de imitaciones porque los negocios comprenden que tener gatos alrededor es más que una simple atracción: es un símbolo de buena suerte y prosperidad.

La veneración por estos seres ha alcanzado incluso la industria del mobiliario. Durante los años de crisis, visionarios empresarios tomaron una audaz decisión: si las piezas no se vendían con facilidad a los humanos, ¿por qué no diseñar sofás, camas y sillas especialmente para los gatos?

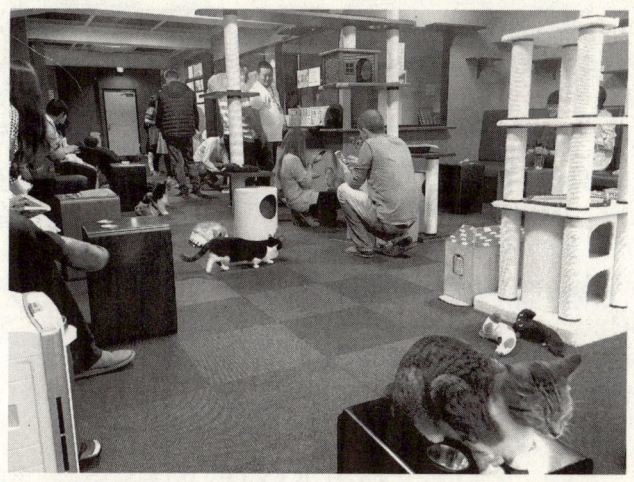

Los oficinistas japoneses han encontrado en los cats cafés un paraíso para desestresarte del duro trabajo. Desde que se inauguró el primero en Osaka, han proliferado por todo el país

Este ingenioso giro tuvo un gran éxito y ahora se están creando hogares que fusionan la vida humana y felina en armonía. Las casas para humanos y gatos se han convertido en una tendencia, con diseños que incluyen soportes de madera y vidrio a lo largo de las paredes y techos, facilitando el movimiento de los gatos en su propio territorio vertical.

Las pantallas reforzadas controlan las garras aceradas, y los puntos de acceso en las paredes brindan a los gatos oportunidades para explorar y descubrir. Estos espacios están diseñados para aprovechar su naturaleza curiosa y juguetona, ofreciéndoles rincones para esconderse y tomar el sol.

Estas casas fusionadas son el testimonio de una realidad innegable: en estos hogares, el dueño real es el gato. En este país de tradiciones ricas y símbolos profundos los gatos han encontrado un lugar donde su misterio y encanto se celebran con devoción y respeto y han desarrollado, como nadie, los cafés donde animales y humanos interactúan con amor.

Japón no fue el primer lugar del mundo que puso en marcha los *cats cafés*, que aquí, en España, preferimos llamar «gatotecas», sino Taiwán. Pero ellos los popularizaron desde que abrieron el primero en Osaka en 2004 y se corrió la voz de que acariciarlos y escuchar su ronroneo reducía el estrés. Ni que decir tiene que se llenaron de oficinistas.

LA GATA QUE SALVÓ DE LA QUIEBRA A UNA ESTACIÓN DE TREN

Incluso en el mundo de los ferrocarriles, símbolos de la vida cotidiana y la tecnología avanzada, los mininos han encontrado su lugar en este universo en movimiento y han conquistado los corazones de los pasajeros.

Uno de los ejemplos más notables es el famoso Tamadem, el tren de la gatita TAMA, un recorrido de 14,3 kilómetros que transporta a los pasajeros a través de la esencia auténtica y rural de Japón. Pero la historia detrás de este tren va más allá de los rieles y las estaciones.

Cuando se inauguró la línea Kishigawa, los números de pasajeros eran tan bajos que el cierre parecía inevitable, dejando aisladas a muchas personas. Sin embargo, como en muchos cuentos de la literatura, la intervención de un gato cambió el destino.

Una mujer llegó un día con su gatita Tama y pidió al dueño de la compañía que permitiera que su amiga pudiera vivir en la estación porque no podía mantenerla en casa. Las normas no permitían que un animal viviese en la estación, por lo que el ingenioso empresario, en lugar de rechazarla, decidió convertirla en empleada de la estación. Tan bien hizo su labor que tiempo después fue ascendida a jefa de estación en Kishi.

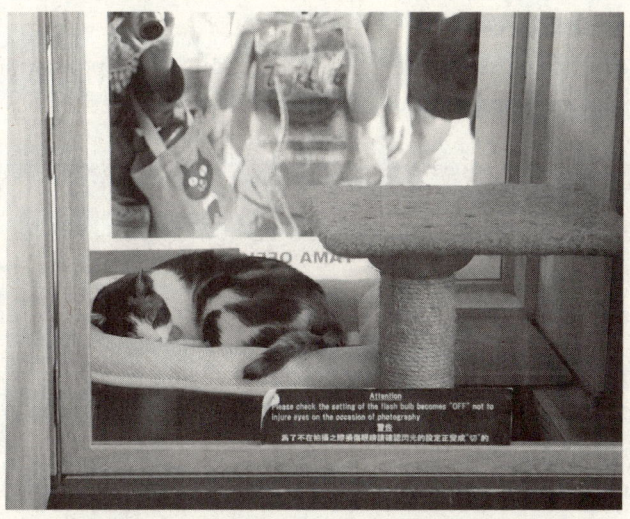

En la estación de Kishi dormita la jefa TAMA, la gatita que logró reactivar un tren en quiebra e inspiró el Tamaden, un tren donde todo tiene temática gatuna y que atrae a miles de turistas al año

Tama, la gatita calicó, se convirtió en una fuente de buena fortuna. Dos años después de su «contratación», se creó el Tamaden en su honor, un tren peculiar que revitalizó la zona rural atrayendo a multitudes de nuevos pasajeros que acudían para verla vestida con su uniforme, gorra incluida. Desde entonces, todo giró en torno a Tama.

La estación en sí se parece a la cabeza de un gato, con la puerta asemejando la boca y ventanas que parecen ojos, amén de dos orejas en el tejado. Incluso el interior del tren es un tributo a Tama. Los asientos están diseñados con respaldos en forma de cabezas y patas de gato, lámparas con formas felinas iluminan el espacio, y las huellas de gato adornan el suelo.

Aunque Tama falleció en 2015, después de nueve años de servicio excepcional, su legado continúa con la gata Nitama, nueva jefa de estación en Kishi. La línea de tren está más viva que nunca y hasta allí llegan los viajeros ansiosos por conocer su historia y disfrutar de los encantadores paisajes rurales.

Este es Hachi, un felino con cejas legendarias que está arrasando en las redes sociales. Hachi significa ocho en japonés, y las cejas de Hachi se parecen al carácter japonés ocho, que es símbolo de buena suerte en Japón

Los gatos han encontrado un lugar en las traviesas no sólo como viajeros, sino como guardianes ferroviarios y embajadores de la cultura felina en un país que ha aprendido a valorar y celebrar a estos misteriosos compañeros de cuatro patas.

DOÑA HACHÍ, LA DOÑA MANOLITA NIPONA

La magia de la suerte no conoce fronteras y mientras en Madrid la famosa lotera doña Manolita atrae a multitudes con la esperanza de recibir una pizca de buena fortuna, en Japón, una gata llamada Doña Hachí sigue el legado felino repartiendo premios desde su peculiar estanco en Mito, prefectura de Ibaraki.

Doña Manolita ha ganado renombre internacional gracias a los premios entregados cada Navidad y, como si el destino estuviera jugando con un espejo cósmico, en Japón, Doña Hachí sigue un camino similar, repartiendo premios e inspirando creencias populares.

Doña Hachí es una gata blanca que lleva una marca única en su rostro semejante al número chino ocho, un número que simboliza la suerte en la cultura china. Sus grandes cejas negras sobre ojos verdosos hacen que sea fácil ver por qué la comparan con este número afortunado. Su compañero humano es el señor Yoichi Maeda, quien cuenta cómo el destino los unió en medio de circunstancias notables.

El 11 de marzo, un día marcado por un terremoto devastador en la ciudad de Mito, el negocio del señor Maeda sufrió daños considerables. La reapertura era un enigma y entonces un amigo le habló de un gatito especial, con un patrón facial único en forma de ocho. El señor Maeda adoptó a Doña Hachí en junio de 2011, creyendo que podría traer una chispa de alegría en tiempos difíciles.

Dado que el señor Maeda viajaba con frecuencia confió a su vecino el cuidado de Doña Hachí mientras estaba fuera. Fue entonces cuando este pequeño estanco, que llevaba abierto cincuenta años, comenzó a ganar notoriedad. Desde que Doña Hachí asumió el negocio, ha repartido millones de yenes en premios, convirtiendo el estanco en un lugar de encuentro para aquéllos que buscan un poco de suerte.

No es una historia única. En Tokio se encuentra Mako, un hermoso gato blanco al que apodan el Maneki-neko Real, que ha repartido más de 2600 millones de yenes en la década de 2010. Antes de la llegada de Mako, este puesto de lotería pasaba sin pena ni gloria, pero el mismo año que el gato se puso a trabajar sobre el mostrador repartieron el premio gordo.

Y así, en lados opuestos del mundo, las leyendas felinas siguen desplegando su encanto, inspirando creencias y llenando de esperanza a aquéllos que buscan un poco de magia y buena suerte. Las huellas de los gatos perduran, dejando una huella un peso en la historia y en los corazones de aquéllos que creen en sus misteriosos poderes.

Quienes amamos a los gatos amamos a Japón por ello. Ojalá jamás dejen de llegarnos noticias gatunas tan extravagantes y divertidas, porque un mundo con gatos es un mundo mejor.

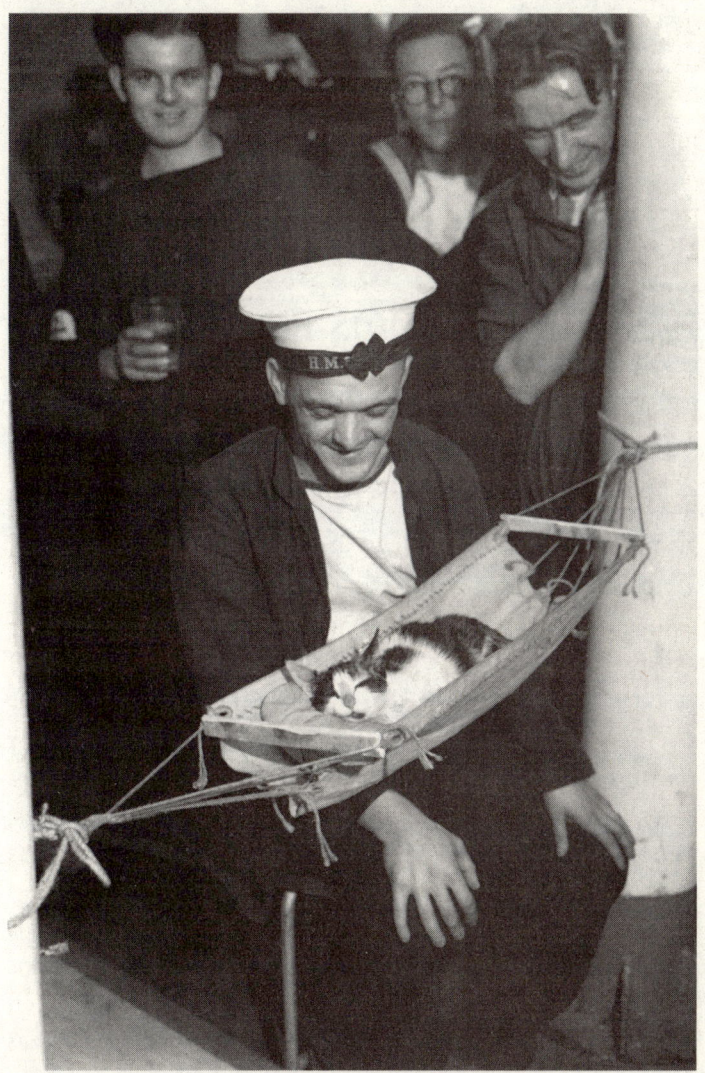

*Los gatos de la guerra advertían de escapes de gas,
guardaban las necesarias provisiones, se erizaban antes de
cualquier ataque y elevaban la moral de la tropa con su
ternura y sus ronroneos. Los marineros los adoraban*

VI

BATALLAS GANADAS POR FELINOS HEROICOS

Adoro a los gatos. Son de las pocas criaturas que no se dejan explotar por sus dueños.

Umberto Eco

A simple vista podría parecer que los gatos no son las criaturas más adecuadas para habitar en el escenario desgarrador de un campo de batalla. Sin embargo, la historia, que es muy tozuda, nos revela que estos felinos son valientes, versátiles y han sido empleados en diversas capacidades sorprendentes a lo largo de mil batallas.

Los felinos han compartido la travesía de los barcos durante casi tanto tiempo como los mortales, y los avezados marineros han desempeñado un papel preponderante en su dispersión a lo largo y ancho del globo terráqueo. Las frescas pinturas adornando las criptas del antiguo Egipto nos brindan la visión de los gatos persiguiendo presas desde las cubiertas de embarcaciones que serpentean por el majestuoso Nilo. También los hábiles fenicios, al comerciar en las aguas del Mediterráneo, reconocieron el valor de estos maestros cazadores en la erradicación de roedores a bordo.

Viajamos en el tiempo hasta la antigua batalla de Pelusio, que enfrentó a persas y egipcios. Los gatos eran animales sagrados para este pueblo grandioso y el Imperio persa aprovechó este conocimiento en su propio beneficio. Pintaron la figura de la diosa Bastet en sus escudos y colocaron gatos y otros animales venerados en primera línea. En su crueldad, decidieron arrojarlos como proyectiles contra las murallas de la ciudad. Los egipcios, que no querían herir a estos animales sagrados, se vieron obligados a rendirse ante esta táctica inusual. Así, los gatos se convirtieron en instrumentos de victoria en una de las batallas más curiosas de la historia militar.

Desde entonces hasta hoy, los gatos han sido cruciales en muchas batallas. Bautizados con nombres tan singulares como Tom el Terror, Simón, el Insumergible Sam o Tom de Sebastopol, estos nobles animales recorrieron innumerables millas a bordo de los más afamados navíos de guerra, acompañados por los marinos más curtidos. Surgían como apreciados integrantes de la tripulación, frecuentemente ataviados con diminutos uniformes a la medida y hamacas propias de su estatura. Para muchos, jamás se presentó la oportunidad de posar una sola pata en el suelo firme a lo largo de toda su existencia. Eran, sin lugar a duda, los distinguidos gatos que servían con devoción en las Armadas de todo el orbe.

Las funciones de los gatos durante las guerras son realmente asombrosas. Por un lado, debían advertir sobre los bombardeos, ya que, gracias a su aguda sensibilidad y su agudo instinto, los gatos eran capaces de detectar el peligro antes de que los dispositivos humanos diseñados para escanear el aire en busca de posibles ataques. Cuando un gato mostraba signos de alerta, como erizar su pelaje, inquietud o maullidos incesantes, todos quedaban advertidos de la posible inminencia de un bombardeo.

Como ejemplo vamos a recordar a Slujach, un valiente felino de San Petersburgo que brindó un apoyo inestimable al ejército soviético mucho antes de que la artillería o los bombarderos estuvieran a punto de atacar la ciudad. Slujach advertía a la gente con su pelaje erizado y sus maullidos inquietantes de que algo malo pasaría. La astucia y sensibilidad de estos animales demostraron ser recursos muy apreciados en tiempos de guerra, salvando vidas y ofreciendo un atisbo de esperanza en medio de la adversidad.

Sus proezas siempre asombraron por su precisión, superando con creces las predicciones de los radares militares de la época. Su valentía y destreza lo llevaron a ser designado oficialmente como el protegido de un soldado. Slujach, el gato soviético, incluso recibió una medalla con la inscripción «También servimos a la patria» en reconocimiento a su destacado servicio.

En los albores de la navegación, los intrépidos marineros atribuían a los gatos el misterioso don de controlar los designios del tiempo a través de sus esquivas colas. Cuando el movimiento de tales apéndices felinos adquiría una peculiar cadencia, pensaban, era por la inminente llegada de una tempestuosa tormenta que azotaría la embarcación. Con el correr del tiempo, los avezados marinos comprendieron que los gatos erizaban sus colas como respuesta a bruscas fluctuaciones en la presión atmosférica, lo que advertía de manera precisa sobre la inminente llegada de condiciones climáticas adversas. Las intrépidas tripulaciones comenzaron a escrutar con meticulosidad cada uno de los gestos de sus felinos de a bordo, considerando cualquier conducta inusual como un presagio de los elementos desatados. De este modo, los felinos se transformaron, en cierta medida, en diminutos barómetros peludos.

Asimismo, estos felinos de mar eran fuentes inagotables de supersticiones: los marinos que se disponían a emprender su travesía consideraban un auspicio de buena ventura cuando un gato elegía encaramarse a bordo. No obstante, se hallaban atormentados por un presentimiento funesto si un gato que había compartido su vida en el barco decidía abandonarlo justo antes de zarpar. Y, aún peor, las aguas de la superstición fluían más turbias cuando los marineros presenciaban el férreo combate de dos gatos en el muelle: este singular enfrentamiento se interpretaba como el preludio de una lucha épica entre un ángel y un demonio, ya enfrascados en la batalla por las almas de la tripulación. En tales momentos, el destino de los navegantes parecía sellado, y el manto de la incertidumbre se cernía sobre las aguas.

Otro papel vital desempeñado por los gatos durante las contiendas fue el de informar sobre posibles ataques con gas. Durante la Segunda Guerra Mundial, estos felinos audaces a menudo se aventuraban en los submarinos para actuar como sensores de la pureza del aire, previniendo así ataques químicos.

Además, los gatos se convirtieron en guardianes de las provisiones en tiempos de guerra. Un ejemplo notorio ocurrió después de la ruptura del asedio de Leningrado. Junto con los primeros suministros de alimentos, se trajeron cuatro vagones llenos de gatos a la ciudad. Los supervivientes del sitio relatan que se formaban colas para obtener uno de estos gatos, ya que la necesidad de controlar las plagas de ratas en una ciudad asediada era imperante. Pero de eso ya hablamos en otro capítulo.

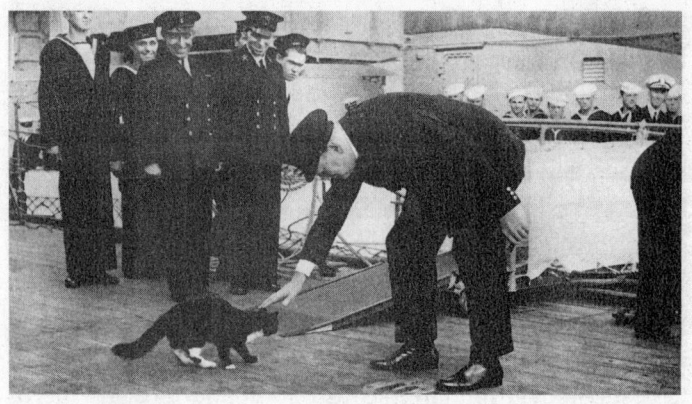

Hay muchos gatos con galardones y condecoraciones por su aportación durante las guerras. Churchill quiso acariciar a uno de estos valientes soldados en una de sus visitas a las tropas en la Segunda Guerra Mundial

En los momentos más oscuros de la guerra, los gatos también desempeñaron un papel importante al elevar la moral de la tropa. En algunos barcos se los consideraba parte de la tripulación y acompañaban a los soldados en sus campamentos, proporcionando un toque de ternura y confort en tiempos tan difíciles. Por los servicios prestados fueron merecedores de premios y medallas.

La Marina Real Británica, con su profunda tradición marítima, ha sido particularmente aficionada a los gatos, apreciando no sólo su destreza para cazar ratones, sino también su impresionante capacidad de adaptación a cualquier entorno.

Dicen que los marineros, siempre supersticiosos, valoran mucho a los felinos por su intuición y habilidad para sobrevivir. El relato del gato U-Boat, que recibió el nombre del submarino que cuidaba, es emblemático. Los que tenemos gatos sabemos que, de vez en cuando, desaparecen, y cuando su ausencia se prolongó la tripulación lo interpretó como un mal augurio. Cuando finalmente regresó, todo volvió a la normalidad. Su vuelta fue sonada, pues se paseó con su actitud imperturbable entre sus piernas como diciéndoles a todos: «Tranquilos, chicos, el jefe está de vuelta».

Los gatos incluso desempeñaron un papel crucial en la creación de alianzas durante la Gran Guerra. Los británicos usaron la imagen del gato blanco, considerado un símbolo de buena suerte, en aviones, vehículos, carteles y uniformes para ganarse la colaboración de los birmanos, quienes, siendo inicialmente neutrales, temían represalias del ejército japonés si permitían a los británicos establecer una base en su territorio. La población local asoció al gato blanco con los aliados, y esto llevó a un cambio de actitud, un ejemplo maravilloso de cómo estos felinos desempeñaron un papel en la diplomacia durante la guerra.

SIMÓN, EL GATO QUE MATÓ A MAO TSE-TUNG

Hay mil batallas, y en esta ocasión nos vamos a la de la guerra civil china para conocer a Simón, un gato blanco y negro cuya historia es conmovedora.

El felino fue descubierto en 1948 en una isla de Hong Kong por un marinero que lo llevó clandestinamente al Amatista, una fragata de la Armada británica. Cuando llegó al barco estaba desnutrido y famélico, pero rápidamente se ganó el corazón de la tripulación y los oficiales, especialmente porque aun antes de recuperarse ya les demostró a todos que era un experto cazador de ratas en las cubiertas inferiores.

Simón se hizo famoso por su descaro, dejando regalos de

ratas muertas en las camas de los marineros y durmiendo en la gorra del capitán, su lecho favorito. Su vida transcurría plácidamente en la fragata hasta que en 1949 el Amatista tuvo que desplazarse a Nankín a lo largo del río Yangtsé para brindar apoyo a la embajada británica.

El Amatista quedó atrapado en medio del río y se convirtió en un símbolo de valentía y resistencia. A pesar de los estragos causados por el feroz bombardeo, la tripulación mostró una tenacidad inquebrantable en medio de la adversidad. Pero, entre las cenizas y la confusión, surgió una luz de esperanza inesperada: Simon, el intrépido gato que había navegado con la fragata en momentos de calma y tormenta.

*El teniente comandante John Kerans con
Simon, el gato del HMS Amethyst*

Simon, con su distintiva actitud de indiferencia ante el peligro, se mantuvo firme junto a la tripulación del Amatista. En la penumbra de la destrucción y el caos, su presencia brindó consuelo y un respiro de normalidad en medio de la tragedia. Mientras el río Yangtsé rugía con la furia de la guerra, Simon demostró una vez más su asombrosa habilidad para sobrevivir en aquellos cuatro días infernales de finales de abril.

La nave resultó gravemente dañada y perdió a veintidós valientes tripulantes, mientras que treinta y uno habían resultado heridos. Y, entre todos estos números, había un sobreviviente especial: un gato cuya historia merece ser contada con detalle, pues fue ahí donde se acrecentó su leyenda.

Simón resultó gravemente herido mientras dormía en la cabina del capitán y, a pesar de todo, logró salir de las ruinas del camarote para arrastrarse hasta el puente, donde fue descubierto. A pesar de la delicada situación de la tripulación, los marineros lo rescataron y lo llevaron a lo que quedaba de la enfermería para observar, sorprendidos, que los gatos sí tienen nueve vidas (los anglosajones les arrogan dos más que nosotros) y, aunque tenía cuatro trozos de metralla en su cuerpecito y dolorosas quemaduras, su amigo peludo comenzó a recuperarse.

El barco estaba cerca de la orilla y las ratas comenzaron a invadirlo en busca de comida. Simón, a pesar de sus heridas, se puso a trabajar y protegió los suministros de alimentos de los marineros con fiereza y dedicación.

Tras el escape del Amatista del Yangtsé, el valiente grumete se convirtió en una celebridad instantánea. Fue elogiado en las noticias británicas y en las de todo el mundo y se le otorgó la Cruz Victoria Animal, así como una medalla Blue Cross. Recibió la medalla de campaña del Amatista y fue ascendido al prestigioso rango de *capaz seacat* («marinero de primera»), por su destreza en la caza de una rata notoria conocida como Mao Tse-Tung. La citación oficial, publicada por el Gobierno de Su Majestad, decía: «Por el meritorio y señalado servicio (…) cuando solo, y sin armas, acosó y destruyó a Mao Tse-Tung, una rata culpable de asaltar los suministros de alimentos que eran extremadamente escasos. Además, se hace saber, que del 22 de abril al 4 de agosto, mantuvo a su nave libre de plagas y alimañas, con fidelidad impecable».

Sam, el gato llamado Oskar por los nazis, fue rescatado de un naufragio por los aliados y sobrevivió a dos naufragios posteriores. Este cuadro le rinde tributo en el Museo Nacional Marítimo de Greenwich

Mao Tse-Tung era una rata muy gorda e inteligente, a la par que destructiva, y por ese motivo la tripulación decidió otorgarle ese nombre. Pero Simón se enfrentó a ella con la astucia felina que le caracterizaba y logró eliminarla, con el consiguiente regocijo de los marineros.

Semanas de intensa labor diplomática siguieron a este episodio, y finalmente, el 30 de julio, después de reparaciones precarias y una valiente fuga, la fragata logró liberarse. El 11 de agosto llegó a salvo al puerto de Hong Kong, un testimonio de resiliencia y determinación que conmovió al mundo.

La PDSA, la principal organización benéfica veterinaria de Reino Unido, que fue fundada en 1917 por Maria Dickin, pionera del bienestar animal, otorgó a Simón la Medalla Dickin, no sólo por su habilidad para cazar ratas, sino también por el apoyo moral que brindó a la tripulación en momentos difíciles.

En cada parada del Amatista en su camino de regreso a casa, Simón fue honrado y recibió una cálida bienvenida, especialmente cuando llegaron a Plymouth, Inglaterra, en noviembre. Se ganó la fama y el corazón de todo el mundo y se convirtió en una celebridad a la que no paraban de llegarle cartas. De hecho, se nombró a un «oficial gatero» para responder a los admiradores. Su historia es un testimonio de coraje, supervivencia y vínculo especial entre humanos y felinos.

El 21 de noviembre, el Amatista atracó en el puerto de Plymouth, y la tripulación se reunió con sus familias, pero Simón partió a Surrey para cumplir con la obligatoria cuarentena. Trágicamente, siete días después, el 28 de noviembre, Simón falleció. Los miembros de la tripulación que lo visitaron estaban convencidos de que murió de pena al verse separado de sus amigos.

Simón, que no llegó a cumplir cuatro años, recibió un entierro con todos los honores militares y con la presencia de todos sus compañeros de tripulación, en el cementerio de la PDSA, en Ilford. Desde que la institución PDSA Dickin otorgó su primera medalla en 1943, se ha condecorado a sesenta y cinco animales en total: treinta y dos palomas mensajeras durante la Segunda Guerra Mundial, tres caballos y veintinueve perros. Simón es el único gato que ha recibido esta distinción.

Este relato nos conduce a otra historia notable, la de Sam, uno de los gatos más famosos del siglo XX, conocido no por su nombre, sino por su apodo: Insumergible Sam. Este apodo le fue otorgado porque sobrevivió a la Segunda Guerra Mundial navegando en barcos que fueron hundidos, demostrando una extraordinaria capacidad de supervivencia.

INSUMERGIBLE SAM, EL HÉROE QUE SOBREVIVIÓ A TRES NAUFRAGIOS

La increíble odisea de Sam, conocido como Oskar en el bando alemán y Sam en el bando aliado, es una de las historias más asombrosas de la Segunda Guerra Mundial. Este intrépido gato, blanco y negro como Simón, logró sobrevivir a tres hundimientos de barcos de guerra, flotando en una tabla en medio del caos y la destrucción, y pasó de un bando a otro sin ser detenido.

Su carrera comenzó en el bando nazi, a bordo del temible acorazado Bismarck. Cuando esta poderosa nave se hundió, sólo 118 personas de las 2200 que la tripulaban sobrevivieron, y entre ellos se encontraba Sam. Los aliados, a bordo del HMS Cossack, cuya misión era escoltar convoyes en el

Mediterráneo, lo rescataron de las aguas, flotando sobre una tabla, y entonces su nombre cambió a Sam.

Vivió en este barco durante cinco meses, hasta que también fue alcanzado por un torpedo nazi que acabó con la vida 159 tripulantes. Una vez más, Sam fue encontrado por otro barco inglés flotando en medio del mar y aferrado a un trozo de madera. Los oficiales británicos, conociendo su historia de supervivencia, lo apodaron el Insumergible Sam.

Su tercer hogar fue el HMS Ark Royal, un portaaviones crucial en la destrucción del Bismarck, su primer hogar. La tripulación del Ark Royal lo adoptó, pero, durante el regreso a Malta, el barco fue atacado por un submarino enemigo y se hundió frente a Gibraltar. Sam, una vez más, fue encontrado aferrado a un pedazo de madera.

El gato insumergible, convertido en una auténtica leyenda flotante, continuó su periplo a bordo del HMS Lightning y más tarde en el HMS Legion. Sin embargo, la maldición parecía perseguir a estos barcos, ya que ambos fueron destruidos en los años 1942 y 1943, respectivamente. Afortunadamente, Sam, el gato de la suerte, había dejado de ser un mero espectador de la tragedia marítima.

El gobernador de Gibraltar, conmovido por su increíble historia y sabiendo que el destino tenía planes crueles para los barcos en los que el felino navegaba, tomó la decisión de llevarlo a su casa. Así, un año antes de que el HMS Legion encontrara su trágico final, Sam ya había cambiado de rumbo y había sido rescatado de la vida en alta mar.

El gato que desafiaba a los océanos y a la guerra finalmente encontró un hogar seguro donde se convirtió en un experto cazador de ratas en un edificio de gobierno en Gibraltar. Sin embargo, poco tiempo después, lo trasladaron a Belfast, en el hogar de unos amables marinos, donde finalmente cruzó el arco iris en 1955, después de que la guerra hubiera llegado a su fin.

Hoy en día se puede visitar su tumba en el sector naval del cementerio de Belfast, donde Sam el Insumergible yace con el título simbólico de marinero. Además, su memoria perdura en un cuadro que se exhibe en el Museo Nacional Marítimo de Greenwich, un tributo a la valentía y la supervivencia de este intrépido felino en tiempos de guerra.

EL OLFATO DE TOM SALVÓ A UN REGIMIENTO

En el escenario de la guerra de Crimea, que enfrentó entre 1853 y 1856 a la Rusia zarista de Nicolás I contra el Imperio otomano del sultán Abdul-Mejid I apoyado por Francia y el Imperio británico, surge otro valiente felino de nombre Sebastopol Tom, también conocido como Crimea Tom. Su gesta heroica tuvo lugar en 1954, cuando las tropas aliadas británicas y francesas asediaron Sebastopol. Los soldados se encontraban al borde de la inanición, pues los suministros escaseaban.

Cuando el capitán William Gair y su 6.º Regimiento de Dragoon Guards exploraban Sebastopol tras el asedio de un año, se encontraron con un gato atigrado que, a pesar de las circunstancias, yacía majestuosamente sobre un montón de escombros, como si fuera el rey de la jungla urbana. Al acercarse, el gato demostró ser extremadamente cariñoso, y Gair y sus hombres decidieron llevarlo consigo como mascota.

Apenas quedaba comida en el campamento y Gair se preocupaba por cómo resolver el problema del abasteci-miento. Observó que el gato estaba sorprendentemente bien alimentado para haber sobrevivido al asedio, lo que lo llevó a una intrigante conclusión: si bien las ratas habrían sido una fuente de alimento obvia para el felino, también habrían consumido los graneros y depósitos de alimentos antes de que las tropas pudieran hacerlo.

Movido por la curiosidad y guiado por la astucia del gato, Gair y su equipo decidieron seguirlo en una de sus salidas de caza. Llegaron al mismo edificio donde lo habían encontrado y observaron cómo se deslizaba por un agujero aparentemente pequeño que conducía a un sótano. Con determinación, retiraron los escombros y ampliaron el agujero lo suficiente como para poder entrar.

Lo que descubrieron en el sótano fue un tesoro de gran valor: un almacén de comida. Aunque gran parte de los víveres estaban inservibles o habían sido devorados por las ratas, todavía encontraron suficientes para proporcionar un alivio a las hambrientas tropas. Este hallazgo, guiado por el inteligente Tom, y posteriores descubrimientos de graneros que les fue mostrando en sucesivas salidas, brindó al regimiento una tabla de salvación en medio del asedio, permitiéndoles sobrevivir gracias a su compañero felino y su astuta habilidad para encontrar suministros en los lugares más insospechados.

Tras la guerra, los soldados británicos llevaron a Tom de regreso a Inglaterra, donde disfrutó de sus últimos años rodeado de comodidades. Falleció dos años después, pero su recuerdo y su acto heroico perduran en la historia, tanto que su cuerpo disecado se exhibe en el Museo de la Marina de Inglaterra como testigo silencioso de su valentía. El precioso gato atigrado de ojos ámbar es uno de los más alabados entre los visitantes, aunque, en honor a la verdad, no hay constatación de que fuera realmente Sebastopol Tom.

*Algunos felinos salvaron del hambre a los soldados en
innumerables ocasiones. En la guerra de Crimea las tropas
fueron sitiadas y gracias a un pequeño gato encontraron un
almacén lleno de víveres para alimentar a la tropa*

*En la página siguiente, «A Welcome Arrival» («Una llegada bienvenida»),
c. 1855, cuadro de John Dabiac Luard. National Army Museum*

Como tampoco la hay, según el Museo del Ejército Nacional, de que sea él el que aparece en una pintura al óleo titulada *Welcome Arrival* de 1855 creada por John Dabiac Luard, donde se observa a los oficiales británicos abriendo paquetes enviados desde su casa. Se sugiere que la figura de la izquierda (la que mira un objeto con interes, probablemente un retrato) podría ser Gair y Tom el gato que está sobre una mesa.

Ya en nuestro siglo, durante la guerra de Irak, asistimos a una nueva historia de coraje y camaradería protagonizada por un gato atigrado apodado por los soldados estadounidenses de un batallón de infantería Private First Class Hammer («soldado de primera clase Hammer»).

Hammer se convirtió en un amigo leal que no sólo mantuvo el campamento libre de ratones, sino que también fue una fuente de cariño y distracción para los soldados en un entorno hostil y tenso. Incluso en medio de un ataque de mortero, el gatito encontró refugio en los bunkers, donde uno de los reclutas lo protegió.

El vínculo entre los militares y Hammer era tan fuerte que, cuando la unidad recibió la orden de regresar a Estados Unidos, el sargento Bousfield decidió que debían llevarse consigo al amigo peludo, que se lo había ganado. Fue a través de la asociación Alley Cat Allies (ACA) y la generosidad de cientos de personas que apoyaron el viaje y los gastos veterinarios con donaciones que el animal pudo aterrizar en terreno americano.

Hammer vivió felizmente con la familia del sargento Rick Bousfield y otros gatos, siendo un símbolo viviente de la amistad y la valentía en medio de la guerra.

La actual política de la Armada estadounidense no ostenta una prohibición expresa en lo que respecta a la presencia de felinos en sus naves; no obstante, la autorización excepcional requerida por los marinos para permitir a un amistoso minino embarcarse rara vez se otorga. La gran mayoría de las flotas navales en el mundo han abrazado una postura semejante, con la notable excepción de la Federación Rusa.

«Contenidos extraños» (detalle), cuadro de Sal Meijer en el Kattenkabinet

VII

THE *CATBOAT* Y LOS GATOS TABERNEROS DE ÁMSTERDAM

*Cuando me siento mal me basta
con mirar a mis gatos.*

Charles Bukowski

El autor contemporáneo John Green apuntó que, para algunos, Ámsterdam podría parecer la ciudad del pecado, pero en su esencia late una sonata de libertad donde el pecado y la indulgencia, a menudo, cruzan sus caminos. Los gatos encuentran su lugar en este lienzo urbano y su libertad y osadía dejan huella en cada callejuela y canal.

En la tierra de los molinos y las bicicletas, hoy oficialmente conocida como los Países Bajos, una población de diecisiete millones de almas comparte su espacio con 2,6 millones de felinos.

La empatía y la cortesía que caracterizan a los holandeses han dado forma a un logro encomiable: su país es el primero en el mundo sin animales abandonados en sus calles. No hay refugios para ellos, no hay perreras. Este logro se ha conseguido tras décadas de tesón, promulgando leyes que castigan el abandono y educando incansablemente a los pequeños en las aulas.

En tierras holandesas, la adquisición de un animal conlleva un tributo, un impuesto que desincentiva la cría indiscriminada de cachorros. La esterilización se financia públicamente y los niños, los futuros garantes del mundo, son educados en el respeto hacia toda forma de vida y en el conocimiento de las severas sanciones por abandono y crueldad. Las multas para quien no siga las leyes pueden alcanzar los 16.000 euros y las condenas penitenciarias hasta los tres años de cárcel.

El único refugio flotante del mundo, el Catboat de Ámsterdam, donde se acoge a los gatos que sus humanos no pueden mantener porque en Países Bajos no hay animales abandonados

En su capital, Ámsterdam, hemos hallado una corriente de historias maravillosas. En el corazón de la ciudad, en el canal Singel, los mininos se mecen mientras ronronean en un bote santuario para gatos, De Poesenboot o The Catboat. Desde 1967 este barco se ha convertido en un templo de devoción animal que merece nuestro respeto y aplauso.

La historia, como muchas otras, tiene nombre de mujer, de mujer generosa y solidaria. Henriette Welde se encontró un día con una madre gata y sus crías abandonadas que buscaban un refugio cerca de su casa. Su corazón se conmovió y decidió quedarse con la familia al completo. Henriette alimentó y cuidó a la camada mientras buscaba familias que adoptaran a los pequeños, algo que no tardó en lograr. Aquélla fue la primera vez, pero ya no pudo parar, hasta que comprendió que su casa no era el lugar adecuado para albergar a tantos gatitos y buscó una solución.

La década de los sesenta fue la de la imaginación al poder, y eso no le faltaba a nuestra protagonista. Henriette adquirió un bote y, con la ayuda de voluntarios, lo transformó en un refugio. Así nació el primer santuario flotante para gatos del mundo. A medida que el bote acogía a más y más gatos, The Catboat amplió su flota, anclando dos botes más.

En 2002, cuando ya era un establecimiento reconocido a favor de los animales, se adaptó el barco más grande, el que podemos contemplar hoy en día.

Cualquier persona dispuesta a regalar su tiempo y energía puede convertirse en voluntario. Una jornada semanal durante algunos meses basta para adquirir el compromiso. Su tarea consiste en el cuidado y limpieza de las áreas gatunas y en la provisión del alimento. A partir de la una se convierten en los anfitriones de los curiosos visitantes, compartiendo historias y supervisando la pequeña tienda de regalos.

UN LUGAR DONDE NO HAY ANIMALES
ABANDONADOS EN LAS CALLES

Si en los países bajos no hay gatos abandonados, ¿de dónde vienen estos gatos? Cuando algún humano no puede seguir cuidando a su amigo peludo lo lleva al santuario flotante. Los gatos viejitos o aquéllos con enfermedades hallan una lucha más difícil para encontrar un hogar adoptivo y, mientras tanto, encuentran refugio en The Catboat.

El gato Ginger, en el Cafe Hill Street Blues,
Ámsterdam (foto de Tripadvisor)

Tras este conmovedor encuentro con los felinos del canal, nos sorprenden los gatos que pasan su tiempo en la barra de los *pubs* y cafeterías. Los bigotudos permanecen en el mostrador durante todo el día manejando con su gracia a los clientes que pasan por sus dominios.

Son gatos taberneros, habituados a lidiar con la oscuridad y el alboroto de la noche. Cazan, discuten como marineros rudos y ocasionalmente aceptan un roce humano.

Los propietarios de estos establecimientos sostienen que los gatos de naturaleza afectuosa deben quedar en el interior y que en los *pubs* los mininos deben ser gruñones, arrogantes y un tanto revoltosos.

A decir de todos los que han tenido la oportunidad de interactuar con ellos, los gatos en Holanda exhiben un perfil rechoncho, una pereza innata y una amabilidad inigualable. Si captan que eres un turista, se abalanzan hacia ti, te rodean susurrándote ronroneos encantadores y te conquistan sin miramientos. Sin embargo, no hay que confiarse, ya que siguen la escuela nihilista, esa corriente filosófica que reniega de los códigos morales y religiosos, creyendo que la vida carece de significado.

Claro, ellos cuentan con siete vidas, así que pueden explorar los límites con atrevimiento. Esto queda patente en Rotterdam, donde los observamos absortos, presenciando el constante ir y venir de camiones de seis ejes, tan cerca de las ruedas que hasta nos roban el aliento.

LOS SIAMESES QUE DESCUBRIERON A LOS ESPÍAS RUSOS

Hay una gran cantidad de hogares que conviven con felinos, así que no nos asombra cuando suceden cosas como un gato que irrumpe en medio de una entrevista televisiva. Le ocurrió a un politólogo mientras debatía sobre la edad de jubilación de los jueces del Supremo. Nadie recordó realmente lo que estaba diciendo, ya que la atención se concentró por completo en un gato anaranjado que saltó sobre su hombro, lamió su rostro y finalmente se quedó reposando sobre su cabeza.

España también ha sido testigo de la profunda devoción de los holandeses por sus gatos. ¿Recuerdan aquel incidente de la pareja que sufrió un accidente en la autopista AP-9 en Pontevedra? Perdieron a su gato Mongo en medio del caos y dedicaron veinte días a su búsqueda, resueltos a no regresar a su casa sin él.

Es comprensible todo este amor felino porque su magia ha logrado, en no pocas ocasiones, cambiar la vida de sus humanos y quienes los rodean.

Estamos en el año 1961, en plena Guerra Fría, con la mitad del mundo observando de reojo a la otra media. En ese escenario aterriza en Moscú el embajador holandés, quien compartía su vida con dos gatos siameses de carácter apacible. Ya instalado, el diplomático observó un desasosiego inusual en sus mascotas. Ambos gatos se mostraron agitados y comenzaron a arañar una de las paredes de su despacho. El embajador supuso que detrás podría haber ratones, pero no escuchaba nada. Aunque intentó ignorarlos, los felinos estaban cada vez más alterados y su actividad incesante le dificultaba el trabajo, así que solicitó a trabajadores que investigaran detrás de las paredes. La sorpresa fue grande: hallaron un micrófono oculto, un aparato estratégicamente colocado por la KGB.

A raíz de este descubrimiento, llevaron a cabo una búsqueda exhaustiva en el edificio y encontraron la asombrosa cantidad de treinta micrófonos adicionales. Una vez más, la extraordinaria audición de los felinos y su habilidad para percibir vibraciones que escapan a los sentidos humanos habían logrado descubrir secretos ocultos.

MORGAN, EL GATO QUE INSPIRÓ UN MUSEO

Un lugar lleno de encanto gatuno que recibe multitud de visitantes es el Kattenkabinet, cuya traducción literal significa «el gabinete del gato».Emplazado en una antigua morada del siglo XVII, el museo ostenta sobre su entrada un pequeño escudo con un gato negro en su centro, un distintivo que despierta la curiosidad de los visitantes.

Fue fundado en 1990 por un financiero y coleccionista de arte, Bob Meijer, como tributo a su gato John Pierpont Morgan, un ejemplar anaranjado y terco que lo acompañó desde 1966 hasta 1983. A lo largo de diecisiete años, cada quinquenio, Morgan recibía regalos consistentes en pinturas, esculturas, cerámicas y otras piezas curiosas donde siempre figurara un gato.

En su quinto cumpleaños, el pintor Ansèl Sandberg lo inmortalizó en un retrato y, al cumplir una década, fue objeto de una estatua de bronce cuya elaboración requirió de su participación como modelo, pero que, lamentablemente, fue robada posteriormente.

A los quince años, amigos y admiradores le obsequiaron con un libro que recopilaba cincuenta poemas en honor a Morgan titulado *A Cocky Cat from Tolousse and Other Cat Nonsense*. En ese mismo cumpleaños, el artista *underground* Acé pintó un retrato del gato para reemplazar el rostro de George Washington en el billete de un dólar. Se imprimieron algunas copias especiales con el lema «No confiamos en ningún perro», en sustitución del «En Dios confiamos» que figura en el billete.

Todos esos objetos de arte forman parte del museo que está en el primer piso, ya que en la planta superior continúa residiendo Meijer. La colección se distribuye en cinco salas que albergan pinturas y dibujos de artistas como Picasso, Manet, Rembrandt y Toulouse-Lautrec, entre otros muchos. Todos con temática felina.

Morgan, un gato muy especial con un humano muy rico, inspiró el Kattenkabinet, uno de los museos de gatos más interesantes del mundo

Hay retratos, pósteres y carteles, todos creados por autores de renombre, que brindan una panorámica amplia del papel del gato en el arte y la cultura a lo largo de los siglos. La sala dedicada a la escultura es sencillamente deslumbrante. Cada rincón está decorado de forma exquisita, con sillones de estilo *vintage*, cortinas de peso, maderas talladas y la presencia constante de gatos, porque, en última instancia, es su hogar.

Países Bajos «sí es un país para gatos» y por ello no es raro cruzarnos con ellos en el transporte público, en el metro, tiendas o en los típicos cafés. Los holandeses se han fundido con los felinos desde hace muchos siglos, cuando las históricas plagas de ratones amenazaban ciudades y los gatos libraban batallas que la ciudadanía agradecía. Por eso los respetan, los cuidan y los elevan a la categoría de arte, donde alcanzan la inmortalidad.

VIII

BUSCANDO LAS HUELLAS DE ALÁ EN EL BÓSFORO

Como todo dueño de un gato sabe,
nadie es dueño de un gato.

Ellen Perry Berkeley

Si hay una urbe mágica, donde dos continentes se dan la mano y donde convergen culturas, credos, romances y pasiones, esa es Estambul. La ciudad recibe el beso de las aguas del Bósforo y se abre al visitante haciéndole guiños sobre cómo aunar pasado y futuro a través de la historia. 6000 años de existencia, ser capital de cuatro imperios y ser la sede tanto del patriarcado cristiano como del califato islámico dan para mucho que admirar. Pero, si hay un objeto de fervor en Estambul, ése es el gato.

En las tierras turcas cuentan que «quien arrebate la vida de un minino, deberá erigir una mezquita para implorar el perdón divino». Esta sentencia revela la trascendencia de estos animales en esta metrópolis histórica.

En la antigua Constantinopla pululan más de quince millones de almas a las que debemos sumar las gatunas, cuyo número se cifra en 150.000, por lo que podríamos afirmar que una décima parte de los habitantes de Estambul adopta la figura felina.

Pero ¿qué motiva esta profusión de gatos en la antigua Bizancio? Aparentemente, la razón radica en que Estambul fungía como un puerto al que arribaban imponentes navíos mercantes acompañados por los felinos cuya tarea era acabar con los ratones que se comían las provisiones. La curiosidad innata de este animal le llevaba a querer conocer lo que había más allá del barco y, así, multitudes de gatos hallaron su hogar en la urbe y decidieron quedarse de forma permanente.

Con posterioridad, cuando los otomanos alumbraron los primeros sistemas de alcantarillado, se puso de manifiesto la destreza de los gatos para controlar a los roedores bajo tierra.

Por otro lado, el afecto de Mahoma por los gatos consagró definitivamente a estos seres. Y es que cuentan una historia, parecida a la que cuentan de Buda y los gatos, sobre el profeta y su entrañable gata Muezza, un relato que ocupa un lugar especial en las historias islámicas.

La leyenda afirma que un día, al levantarse al llamado de la oración matinal, Mahoma notó que Muezza dormía plácidamente sobre las mangas de su túnica. En lugar de perturbar su sueño, el profeta optó por cortar la manga en la que reposaba, permitiendo que la gata siguiera descansando. Al regresar de la mezquita, Muezza saludó a Mahoma con una reverencia, gesto que el profeta agradeció acariciándole la cabeza en tres ocasiones. Se dice que Muezza era blanca y tenía un ojo azul y otro ámbar, una peculiaridad que la asemejaba a los gatos de Angora turcos con heterocromía.

Mahoma, en su sabiduría, prohibió la persecución y el asesinato de los gatos tal como relatan varios hadices, que son narraciones de palabras y acciones del profeta en el contexto islámico. Uno de sus compañeros, Abu Hurairah, cuyo nombre significa «padre del gatito», afirmaba haber escuchado de Mahoma que «una mujer fue al infierno por matar a una gatita al no proporcionarle agua».

El gato de Abu Hurairah habría salvado al profeta de una serpiente venenosa, lo que llevó a Mahoma a acariciar y bendecir a todos los gatos en agradecimiento. Se dice que los gatos con rayas en la cabeza llevan la marca de la mano de Mahoma, por eso los musulmanes turcos consideran a los gatos blancos con ojos de diferentes colores como «regalos de Alá» o «tocados por Alá» y cuando nacen con marcas en la frente las llaman «las marcas de Alá».

No te extrañes si ves a los gatos de Estambul saboreando el té, prolongando su charla en las terrazas tras la comida y hasta visitando la mezquita. Ellos poseen prerrogativas que podríamos envidiar todos los humanos.

PARA LOS GATOS TODO SON DERECHOS

Los gatos, en este rincón del mundo, tienen una enorme cantidad de privilegios.
— Tienen el derecho de acechar en los bulliciosos mercados, donde los pescados frescos y las delicias tentadoras se convierten en su presa preferida.
— Pueden escoger libremente la parte superior de tu automóvil como plataforma para disfrutar del cálido abrazo del sol, sin temor a represalias.
— Les está permitido tomarse una siesta apacible

sobre cualquier alma afortunada que se cruce en su camino, acurrucados en su regazo hasta que el dulce despertar los llame.

— Los museos les abren sus puertas sin solicitar entrada, y pueden merodear entre las obras maestras de la historia sin pagar un solo céntimo.

— Ocupar una silla en un restaurante, sin previa reserva ni intención de consumir, es otra prerrogativa, mientras que los comensales humanos deben esperar pacientemente.

— Pueden recostarse con majestuosidad sobre la barra de un bar, observando el ajetreo nocturno con la indiferencia de los dioses antiguos.

— No necesitan invitación para invadir el territorio de cualquier ser humano, ya que su morada está abierta para ellos sin necesidad de tocar timbres.

— Desde 2009 existe una ley promulgada por el Gobierno turco que protege a estos enigmáticos seres de quienes intenten dañarlos o privarlos de su alimento.

Pero ¿a quién pertenecen? La respuesta es sencilla: son libres, pertenecen al pueblo, a todos y a nadie al mismo tiempo. Cada uno halla su lugar en la ciudad, en perfecta armonía con su propia personalidad, se sienten amparados en cada rincón y se los provee de comida y refugio para las noches frías.

Son los auténticos dueños de cada barrio y cada uno elige a varios humanos como sus fieles servidores. Dado el próspero promedio de ingresos en Estambul, esta ciudad ostenta el récord de mayor cantidad de tiendas de animales por kilómetro cuadrado en el mundo.

Uno de los gatos más célebres de Estambul fue Tombili, un nombre que significa «rollizo» en turco. Durante más de una década, este peculiar felino conquistó el afecto de los habitantes de la ciudad gracias a su singular personalidad. Tombili era un gato especial, un ser entrañable que durante once años fue un vecino más, libre y sin dueño. El cariño que le profesaban los ciudadanos era tan profundo que Estambul decidió rendirle un tributo eterno tras su partida.

Tombili pasaba su tiempo reposando plácidamente en su banco favorito, completamente ajeno a las tribulaciones de la existencia, observando con calma a sus amigos humanos mientras pasaban por su lado. Su presencia en redes sociales, con subidas casi diarias de fotos y situaciones, multiplicó su legión de seguidores.

Su partida dejó un enorme vacío en el corazón de los habitantes estambulitas. La mascota de la ciudad se había despedido para siempre y ya no podrían verlo descansando con su prominente vientre sobre su adorado banco. Durante semanas, decenas de vecinos acudieron al lugar para rendirle homenaje dejando flores y notas de despedida.

Ante el temor al olvido, los vecinos decidieron que la mejor manera de honrar a su amado gato era erigir una estatua en su memoria, una que perdurara a lo largo de los años. Recogieron más de 17.000 firmas y un 4 de octubre (coincidiendo con el Día Internacional del Animal) inauguraron la estatua de bronce que conmemora la vida de Tombili reposando para siempre en su banco favorito, como un recordatorio atemporal de su afecto por las calles y sus amigos humanos.

GATOS DE CINE

Los gatos llevan más de 3000 años en estas tierras, han conocido a los otomanos y se han convertido en visitantes habituales de este puerto pesquero. Incluso los textos islámicos incluyen historias que destacan el amor que los humanos deben profesarles. Todos los habitantes de Estambul han crecido teniéndolos como vecinos. También Ceyda Torun, una directora de cine afincada en Estados Unidos que siempre asocia su infancia cerca de un gato. Con once años, Ceyda abandonó su hogar y cuando fue cineasta decidió rendir tributo a la capital bizantina a través de los gatos, logrando crear uno de los documentales más hermosos que se han realizado sobre estos maravillosos seres. *Kedi* es «gato» en turco y así se llama esta joya del celuloide, que ha triunfado en todo el mundo y que fue nominado a un Óscar en 2017.

El documental Kedi, realizado por una directora nacida en Estambul con el fin de poner en valor a los gatos de su ciudad a través de su mirada felina, fue nominado a un Oscar en 2017

Ceyda Torun, acompañada por el director de fotografía Charlie Wuppermann, se sumergió durante dos meses en el mundo misterioso de los gatos de su tierra, persiguiéndolos a lo largo y ancho de la ciudad. No se contentaron con simples grabaciones, sino que se aventuraron a capturarlos desde su misma perspectiva, utilizando cámaras dispuestas a la altura de sus sigilosos pasos. De este modo nos legaron una visión única de la urbe, una que sólo puede ser apreciada desde la óptica de nuestros fieles compañeros felinos.

Emplearon drones para espiar sus paseos por las cornisas de los edificios y sus momentos de regalada tranquilidad bajo los toldos. Los siguieron a través de intrincados pasadizos o rincones secretos que, a menudo, pasan inadvertidos para la mirada humana. También fueron testigos de sus intrépidas andanzas nocturnas, cuando muchos de estos mininos se transformaban en expertos cazadores persiguiendo ratones y ratas.

«Estambul perdería su alma sin sus gatos», afirman en el documental que ha ganado varios premios y ha conquistado el corazón de personas de todo el mundo. La película nos presenta a los siete protagonistas que viven en sus calles y explora su día a día cotidiano, pero, en realidad, de lo que habla es de la gente de la ciudad, de la gente del país y sobre cada uno de nosotros.

La directora afirma que «una de las cosas más satisfactorias de tener una amistad con un gato es que ellos nos ofrecen un reflejo de nosotros mismos de un modo que sí somos capaces de aceptar. No nos juzgan de la manera en que suelen hacerlo los humanos. Ser capaz de mostrar a las personas a través de los ojos de los gatos me permitió eliminar parte de la crítica humana».

Ceyda Torun ha capturado con una estética sencilla pero exquisita las historias de siete adorables gatitos, cada uno de ellos poseedor de una personalidad única y dueño de una parte de Estambul. Aquí, donde los gatos son un reflejo de la fascinante vida de la metrópoli, empieza la aventura.

Bengü, apodada la Cariñosa, es una gata cuyo encanto ha dejado a varios galanes felinos completamente hechizados en el corazón del bullicioso barrio industrial que llama hogar. Sin embargo, su dulzura se convierte en una feroz determinación cuando se trata de proteger a su camada de la curiosidad de intrusos indeseados. En sus momentos más íntimos se rinde gustosamente al placer de ser cepillada, revelando una faceta tierna de su apasionada personalidad. Esta gata de pelaje atigrado y ojos enormes ha conquistado el corazón de un mecánico de apariencia ruda con sus dulces ronroneos y caricias suaves.

Aslan Parçası, el Cazador, ha elegido para brillar un afamado restaurante de pescado en el muelle del Bósforo, donde su agudo instinto cazador se convierte en un escudo protector para el negocio manteniendo a raya a las ratas con destreza. Sus dueños, agradecidos, lo consideran un guardián imprescindible en su templo de sabores marinos. Cuando no está de caza, se tumba frente a la panorámica que puede divisar desde el puerto y se duerme soñando sabe Dios qué. Un vecino le mira y sonríe: «Los gatos nos enseñan que la vida es bella si sabes cómo vivirla. Y ellos saben cómo hacerlo».

Psikopat, la Psicópata, la gata celosa de su dominio en Samatya, un antiguo rincón de Estambul, defiende su territorio con valentía, manteniendo a su esposo felino bajo estricta vigilancia. Como hembra alfa, no conoce el miedo ni la sumisión ante nadie ni nada, y eso le ha permitido ganarse el respeto tanto entre sus congéneres como entre los desamparados caninos y los vendedores de su vecindario. Su presencia es una verdadera pesadilla para los pescaderos que se ven intimidados para ceder sus productos mientras ella es incapaz de contentarse con la caballa más asequible y exige, en su lugar, pescado azul.

Duman, el elegante habitante de Nisantasi, el barrio más distinguido de la ciudad, pasea su pelaje gris y sus enormes ojos verdes con majestuosidad por sus calles. Es un felino aristocrático y educado que rara vez suplica por su alimento y, cuando lo hace, elige una sofisticada tienda de *delicatessen* ubicada en el más elitista rincón de Estambul. Su refinamiento es tan exquisito que nunca cruza el umbral de la tienda, sino que se contenta con tocar suavemente el cristal de la ventana con sus elegantes patas, anunciando su presencia con gracia. Allí, se deleita con manjares, como carnes de pavo ahumado y queso manchego, como un verdadero sibarita de la alta sociedad felina. Duman ahora lleva collar y es oficialmente un gato adoptado.

Deniz, el Sociable, es el compañero incondicional del mercado local, siempre dispuesto a brindar un momento de afecto a los vendedores y clientes que lo frecuentan. Su cariñosa naturaleza se despliega en su capacidad para conectarse con todos los presentes en este bullicioso centro de comercio. Es un gato joven de pelaje blanco y gris que ha dejado atrás sus temores gracias al amor y cuidado brindados por los vendedores de pescado en el mercado. «Si no amas a los animales, no puedes decir que amas a las personas», sentencia rotundamente uno de los vendedores.

Gamsız, el Juguetón, es un gato de feliz pelaje blanco y negro. Posee una presencia imponente y habilidades innegables, ya sea al trepar a balcones o enfrentarse a los intrusos peludos y bigoteados, y es difícil encontrar a un ser humano que no caiga rendido ante su carisma inigualable. Un buen día llegó a la panadería del bullicioso barrio de Cihangir y desde entonces lo convirtió en su segundo hogar.

Y por último Sarı, conocida como la Estafadora, una gataza naranja y blanca que reside a los pies de la majestuosa Torre Gálata, un lugar donde los nuevos diseñadores esperan en sus tiendas y los cafés bohemios te acogen con la conocida hospitalidad turca. Sarı tiene cinco buenas razones para emerger a la ciudad y exigir a base de maullidos el sustento para ella y sus crías.

Cementerio de Estambul (foto de Teresa López Siguero)

Las virtudes de *Kedi* trascienden la etiqueta de simple documental, convirtiéndose en una narrativa diseñada para establecer conexiones con los personajes que comparten sus experiencias. Si bien se rinde un sincero tributo a la enigmática figura felina, la verdadera intención de la película se extiende más allá de la idealización del animal.

Una de las sorpresas que nos reserva *Kedi* es comprobar que en Estambul hay más hombres que mujeres dedicando su atención y cuidado a nuestros amigos bigotudos. Los hombres, aparentemente rudos, abren su corazón a los felinos y dejan asomar un torrente de ternura escondido. El documental, que se estrenó en Estados Unidos a principios de julio de 2016, logró recaudar en dos semanas casi tres millones de dólares, convirtiéndose en el tercer documental extranjero más taquillero de la historia en ese país.

Gato en un puesto del Gran Bazar de Estambul
(foto de Teresa López Siguero)

Kedi, apodado «el *Ciudadano Kane* de los documentales de gatos», explora las profundidades de las emociones: la soledad, la supervivencia y la esperanza a través de los ojos y las experiencias de quienes comparten sus días con estos enigmáticos seres.

Para los residentes de Estambul, los gatos encarnan una inteligencia que supera, en algunos aspectos, a la de los propios humanos. En su visión, los felinos parecen tener constancia de Dios y no haber sido creados para adorar a humanos. Son completamente autosuficientes, capaces de cuidarse por sí mismos sin ninguna ayuda humana, así que su deseo de estar a nuestro lado es doblemente satisfactorio, pues es su propia decisión.

Es por esta veneración y respeto hacia la sabiduría felina que los habitantes de Estambul prefieren permitir que los gatos vivan en plena libertad. Sostienen que cuando se les confina en espacios interiores estos seres pierden la esencia misma de lo que son. Sin embargo, los gatos, astutos y perspicaces como siempre, eligen con gran cuidado a sus amos. Pasan horas observando, evaluando y buscando a esas personas que intuyen que los mimarán cuando se acerquen y les ofrecerán sustento cuando emiten sus dulces ronroneos.

A medida que la ciudad continúa su incesante crecimiento y modernización con la edificación de imponentes rascacielos, tal como ocurre en muchas otras metrópolis alrededor del mundo, sus habitantes sienten una creciente inquietud por el destino de sus entrañables gatos. Temen que Estambul pueda perder su alma, representada en estos ciudadanos de cuatro patas, que son eternos en su presencia. Sin ellos, las bulliciosas calles de esta urbe parecerían desoladas, carentes de la vitalidad y la vida que los gatos aportan de manera única y esencial.

El artista Théophile Steinlen diseñó este gato y lo convirtió
en la imagen de París. Hoy lo encontramos en camisetas,
postales, tazas y, por supuesto, láminas. ¿Quién que haya
visitado la ciudad de la luz no tiene este icono en su casa?

¡OH, LÀ, LÀ…, GATOS PARISINOS DE CABARÉ!

*Dios creó al gato para ofrecer al hombre
el placer de acariciar un tigre.*

Victor Hugo

Bajo la luz de la pluma de Gabrielle Colette aplaudimos la sentencia «No hay gatos vulgares…». Un preludio del remolino de palabras que nos conduce a la tierra de Francia, donde los felinos reinan como mágicos guardianes de la esencia de la nación. Año 2020, una época donde los números convergen para proclamar la magnitud de su presencia: más de quince millones de siluetas ronronean en los hogares y el 30 % de los corazones ha elegido a este enigmático ser como su compañero predilecto. En las calles de París, medio millón de miradas felinas agrandan su misterio.

París tiene una deuda con los gatos en el Marais, un distrito bendecido por las huellas gatunas. A principio de los años veinte, en este rincón de obreros, los felinos compartían lazos con porteros y pequeños comerciantes. Pero, tras la sombría nube de la Segunda Guerra Mundial, el barrio quedó como un lienzo despoblado y los roedores se coronaron como señores absolutos.

La ciudadanía miró con esperanza a los mininos, y éstos alzaron su bandera de caza y purificación. Así, en la posguerra, mientras la ciudad se incorporaba curándose sus heridas, encontraron un lugar en los rincones de los pequeños apartamentos, amasando un nuevo hogar. Por eso en el Marais los gatos caminan como símbolos de una resurrección que arrastran en sus pasos, cosechando el cariño de quienes los rodean.

En los alrededores de la catedral de Notre Dame, dentro del Barrio Latino, se encuentra, dicen, la calle más estrecha de París, que tiene historia felina, cómo no. O varias, porque la historia de la calle del Gato Pescador no es única. Según cuenta una leyenda del siglo xv, existía en esos lares un clérigo seducido por la alquimia que tenía un gato negro con grandes habilidades para la pesca.

Todos los días, el gato se acercaba a la orilla del Sena y de un solo zarpazo sacaba centelleantes peces que le servían de almuerzo. Unos estudiantes de la zona se percataron de la destreza del minino y empezaron a pensar que esta capacidad tenía que ver con su color negro y con su dueño. Tras mucho observar, los jóvenes llegaron a la conclusión de que todo era obra de Lucifer y que animal y humano eran el mismo ser.

Un día, aterrorizados, mataron al gato pescador y lo tiraron al río. Como quiera que en días posteriores tampoco vieron al clérigo, los estudiantes se reafirmaron en su teoría de que eran uno solo. Sin embargo, unos meses después casi les da un ataque al ver aparecer de nuevo al alquimista diciendo que había estado de viaje acompañado de su gato negro, que no tardó en reanudar su pesca diaria.

Otra de las teorías (que es algo más verosímil) hace referencia a los pozos que había conectados al Sena, ya que, con las crecidas, los peces quedaban atrapados y eran presa fácil para los gatos del barrio. Sea como fuere, la calle del Gato Pescador es un emblema del París felino.

Estamos en la tierra de Francia, donde los siglos duermen como pesadas joyas en el cetro del tiempo. Retrocedamos la mirada hasta el año fatídico de 1348, cuando la peste extendió sus alas negras sobre París.

Ante tal cataclismo, los dedos acusadores de clérigos y nobles buscaron un responsable para este castigo divino y recurrieron a lo mágico: las brujas. Las mujeres independientes, capaces de curar y vivir sin hombres cerca y amantes de los felinos, fueron presa fácil para la ignorancia del pueblo. Fueron acusadas de crear la epidemia y con ellas los gatos, sus compañeros de ojos de resplandor lunar. Ambos, mujeres y gatos, fueron arrastrados hacia las llamas de la expiación.Las callejuelas se vaciaron de sus misteriosos vigilantes y, en su ausencia, los roedores reclamaron su derecho al festín de la ciudad. Pero lo acaecido no se olvidó y el vínculo entre los gatos y el destino de la urbe nos dieron una lección inolvidable.

No obstante, el tiempo siempre corre a favor de un gato y llegaron mejores momentos para nuestros amigos cuando, a comienzos del siglo XVII, el cardenal Richelieu cayó seducido por la magia felina y dio el primer paso para convertir a este animal en un compañero especial para la corte.

No olvidemos que en la Francia iluminada de la era barroca todavía existía la superstición de que los gatos eran demonios hechos carne y debían ser exterminados y, antes de que el cardenal fuera primer ministro, la quema pública de gatos era incluso generalizada. Richelieu destruyó esos estereotipos durante sus años de poder.

LUCIFER, EL GATO DE RICHELIEU

Según diversos escritos, entre doce y veinte gatos de diferentes razas y colores vivían en el palacio del cardenal y cada uno de ellos tenía un lugar especial en su corazón. El omnipotente estadista se vanagloriaba de su poder, decía no tener ni necesitar amigos y dividía a las personas en aliados y oponentes.

Los únicos seres vivos que le acompañaban y a los que amaba eran sus mascotas, que, entre los intrincados pasillos y las habitaciones tapizadas de historia, organizaron su vida.

Cada uno halló su sitio en el corazón del cardenal a pesar de que al morir eran catorce los que le acompañaban. Entre todos destacaba Lucifer, enigmático portador de la noche que desafiaba las supersticiones con su oscuro pelaje. Soumise, la favorita, Ludovic-le-Cruel, cazador implacable de ratones, y Pyrame y Thisbé, los amantes eternos que desafían el tiempo en su abrazo inmortal.

Como señalan algunas fuentes, cuando el cardenal enfermaba los gatos se subían a su cama y aliviaban su sufrimiento. Richelieu se recuperaba sorprendentemente rápido y estaba convencido del poder sanador de sus amigos.

La historia cuenta que con una mano acariciaba el lomo de sus peludos, extasiado con sus ronroneos, mientras que con la otra firmaba la ejecución de algún pobre desgraciado. Conscientes de esta devoción, los embajadores de países extranjeros, para ganarse su favor, le regalaban gatitos, con lo que la colonia no paraba de aumentar y a Francia comenzaron a llegar gatos de muy diferente raza. En esos años se afincaron en palacio los persas, la raza de Angora o la británica, entre otras.

«La distracción de Richelieu» (detalle, c. 1885), cuadro de Charles Édouard Delort. Detroit Institute of Arts

Los gatos le dieron mucho a Richelieu, pero también le quitaron. Se habla de que fueron los culpables de que su amor por la reina Ana, la de los tres mosqueteros, no prosperara. Al parecer ella era muy alérgica al pelo de gato y cada vez que intentaba acercarse al apuesto ministro se le irritaban los ojos. Tras varias citas secretas, el romance se dio por concluido. El cardenal optó por un amor más gatuno.

La historia, como un río impetuoso, avanza hacia su desenlace. El cardenal, arquitecto de naciones y maestro de poder, también era un alma conectada con el misterio de los gatos y en su lecho de muerte quiso dejarles un legado.

Richelieu murió en diciembre de 1642 siendo muy impopular pero inmensamente rico. Dejó una herencia de veinte millones de libras, legando un millón al rey. Por supuesto no se olvidó de sus amigos, a los que dejó casa y comida asegurada de por vida. Para que no hubiera duda, dispuso una cuantiosa asignación y destinó a dos personas para que se encargaran de sus cuidados. Pero muerto ya no daba miedo ni tenía poder, y Lucifer y el resto de sus compañeros fueron arrojados al fuego por la guardia suiza de palacio.

Así, la memoria destila la esencia de un tiempo donde los gatos no eran simples espectadores en el escenario de la historia, sino protagonistas que desplegaron su hechizo con el poder y el misterio.

CUANDO EL REY SOL SE ENAMORÓ DE BRILLANT

Francia comenzó a hacer realidad sus sueños guiada por la mano del Rey Sol, el imponente Luis XV. Versalles deslumbraba como un diamante en el cielo, y el monarca, apodado el Bien Amado, recibió en su cuadragésimo cuarto cumpleaños un regalo que cambiará la historia de los gatos en esta tierra de enigmas y pasiones.

Ante él se asoma un magnífico gato de Angora blanco con un collar de brillantes al cuello. El monarca cae preso de un encanto irresistible ante el porte y la elegancia del minino. Brillant, como llamó a su nuevo amigo, se convirtió en el elegido para vivir una historia de amor sin límites. Sólo él se ganó el privilegio de entrar el primero cada mañana en la habitación del monarca.

La rutina real comenzaba con la orden de traer al felino para luego convertirse en un compañero en los asuntos de Estado. Sobre la mesa del Consejo, el gato y el rey compartían juegos, desafiando la monotonía de las reuniones políticas con su mágica presencia.

«Gato de angora blanco buscando una mariposa», (c. 1761), cuadro de Jean-Jacques Bachelier. Versalles, Museo Lambinet

Bajo la influencia de Brillant, Luis XV emitió un decreto que prohibía las hogueras de gatos en la festividad de San Juan, allanando el camino hacia un futuro más amable para los felinos en Francia.

Corre el año 1700 y París es la cuna de la Ilustración, lo que acarrea encendidos debates entre intelectuales. En la Academia se habla de todo, y también se debate a favor y en contra de los gatos.

Moncrif, un actor, músico y libertino enamorado de los mininos, libraba un combate dialéctico con Buffon, un naturalista que sentía predilección por los perros. El músico preconizaba la llegada de la hora de la rehabilitación y, cual mesías, advertía de que estaba cerca el día en el que los gatos ocuparían los salones de baile, paseos o academias y serían buscados y adorados por los cortesanos como señal de estatus.

En 1727, su profecía toma forma en *Historia de los gatos*, una obra que recorre milenios del universo felino y se convierte en un éxito inmediato. Sin embargo, la Academia se llena de risas y maullidos de burla cuando un bromista suelta un gato en la sala durante la presentación de la obra. El pobre Moncrif se siente humillado, pero su enfado torna en victoria cuando el personaje más poderoso de Francia aplaude su cruzada.

En este conflicto de opiniones, el Rey Sol toma partido por Moncrif, y su devoción por los gatos se contagia por toda la sociedad de las luces. La aristocracia misma se arrodilla ante el rey gato, como auguró el músico. Con el tiempo, los gatos conquistan los corazones de los franceses. La tendencia se afianza, y los parisinos se rinden ante su encanto en los siglos que siguen.

MICETO, UN GATO PAPAL

Tras la revolución, Francia recorre el siglo XIX dispuesta a seguir revolucionando, con una fiebre inusitada de creación artística y con un deseo irrefrenable de dominar políticamente sobre Europa y el resto del mundo. Pero no se olvida de los gatos.

François-René de Chateaubriand emerge como el primer gran romántico del siglo XIX. Sus *Memorias de ultratumba* eternizan la figura de Micetto (también conocido como Petit Minet), un magnífico gato gris rojizo con bandas negras.

Nacido en el Vaticano y criado entre los pliegues de la sotana del papa León XII, Micetto pasa a ser su compañero tras el fallecimiento del pontífice. Micetto, el confidente de los hábitos papales, nacido en 1825 en el estudio de Rafael, se convierte en una leyenda viviente. El poeta exalta su independencia y su capacidad de pasar de los salones a las alcantarillas con la misma indiferencia.

Autores, artistas e intelectuales comienzan a caer bajo el encanto de los felinos que seducen e inspiran a los poetas franceses.

En el siglo XX, París se convierte en el territorio del gato. Incluso el gato negro, que alguna vez fue relegado, encuentra su atención. Le Chat Noir, el cabaré de Montmartre, convierte al gato en símbolo de la ciudad.

LE CHAT NOIR: UN RINCÓN
FELINO EN MONTMARTRE

Nada puede rivalizar con el encanto de un gato en la Ciudad de la Luz. Una de las figuras más emblemáticas de esta urbe, junto a la imperturbable torre Eiffel, es Le Chat Noir, uno de los primeros cafés-teatro que abrieron sus puertas en la París de finales del siglo XIX.

Para comprender por qué el Sena ronronea mientras sueña con el Sacré-Cœur, debemos adentrarnos en el icónico barrio de Montmartre. Allí, en el número 84 del Boulevard Rochechouart, Rodolfo Salís y el poeta Emile Goudot unieron sus fuerzas y dieron vida a un espacio donde la música, la literatura y todas las manifestaciones artísticas encontraron un hogar. Bajo su techo, una generación de intelectuales se reunía para crear, asombrar y divertirse, al mismo tiempo que tejían críticas agudas sobre la política y la sociedad parisina. A día de hoy, en esa misma dirección, sólo se encuentra una placa conmemorativa que rinde tributo a esos días gloriosos.

El nombre de este peculiar local podría haber sido un homenaje a Edgar Allan Poe y su relato *El gato negro*. Sin embargo, los más románticos cuentan que un día, mientras Salís inspeccionaba las obras del café, se topó con un gato negro, delgado y desaliñado, que lo observaba desde lo alto de una farola, con porte circunspecto y altivo. Al adentrarse en el establecimiento, el minino lo siguió, demandando, como tributo por cruzar su territorio, un poco de alimento. Con el tiempo, ese felino se convirtió en la mascota, la musa y el emblema del lugar.

Salís afirmaba que los gatos negros eran los confidentes de los poetas, un símbolo de misterio y creatividad. Sin embargo, también se dice que el cuadro *Les Chats*, pintado por Manet en 1869, donde dos gatos merodean por los tejados de Montmartre, influyó en la elección del nombre.

El primer rincón de Le Chat Noir se estableció en una pequeña y antigua oficina de correos, con apenas catorce metros cuadrados de espacio. Incluía un modesto trastero, y un portero suizo, ataviado con un uniforme impresionante, con ribetes dorados, custodiaba la entrada, dando la bienvenida a artistas e intelectuales mientras cerraba el paso a clérigos, militares y burgueses.

En 1885, debido a la creciente popularidad del cabaré, se mudaron al número 12 de la Rue Victor Massé. Esta vez, transformaron una antigua mansión en un rincón que seguramente hubiera conquistado a cualquier amante de los gatos.

Le Chat noir, boulevard de Clichy
Paris, 1929

Junto a la obra de Willet *La Virgen del gato*, varias figuras felinas observaban desde una imponente chimenea. Destacaba un gato negro en una pared, asustando a un ganso blanco, una metáfora de la burguesía conservadora de la época, que se sentía amenazada por el pensamiento libre de los intelectuales.

Para promover sus espectáculos y darlos a conocer, Salís optó por crear una revista semanal literaria y satírica que llevaba el mismo nombre del café. El artista Théophile Steinlen fue el encargado de diseñar el icónico gato negro que hoy nos contempla desde camisetas, postales y tazas. Por esta y otras razones, Steinlen ganó el apodo de Père des Chats («el padre de los gatos»). Hoy en día, el lugar es un hotel, y Le Chat Noir en Francia también se ha convertido en una conocida marca de galletas. Tales son los giros de los nuevos tiempos.

A 100 kms de París se alza un magnífico castillo en Valois, comprado por Napoleón II y restaurado por un arquitecto amante de los gatos y el art Nouveau. El castillo de Pierrefonds lo habitan 36 estatuas felinas que hay que descubrir. Son gatos en diversas poses y expresiones que se columpian en ventanas, tragaluces y pilares. Las gárgolas están inspiradas en gatos y el lugar ha adquirido cierta magia gracias a estas criaturas enigmáticas y a que en él se han rodado películas y series como Juana de Arco , Higlander o El hombre de la máscara de hierro. Michael Jackson se enamoró del castillo y estuvo a punto de comprarlo a finales de los noventa.

Otro de los nombres emblemáticos de París es el de Alejandro Dumas, el escritor más amado por el pueblo y un entusiasta de los animales. Tenía catorce perros, tres monos y multitud de aves exóticas. Los monos y las aves descansaban en jaulas, y todo estaba controlado hasta que le trajeron un gato al que llamó Mysouff en honor a uno que tuvo de pequeño.

Cartel para una exposición de artistas de animales
(1909), de Théophile-Alexandre Steinlen

Le acogió feliz pero escamado, pues un gato entre aves es siempre un peligro. Y ocurrió que un día los tres monos escaparon y abrieron las jaulas de los pájaros. Cuando llegaron al lugar, Mysouff se relamía los bigotes y Dumas decidió organizarle un juicio sumarísimo para ver qué destino dar al minino.

Al castillo de Montecristo llegaron varios amigos para interpretar los papeles de juez, fiscal y abogado defensor y comenzó la vista en la que el gato no fue condenado a muerte porque su letrado demostró que no fue él quien abrió la jaula. Aun así, fue condenado a cárcel junto a los tres monos hasta que Dumas dejó finalmente el castillo. En ese momento optó por perdonarle y dejarle libre.

EL PRIMER CEMENTERIO DE
ANIMALES DEL MUNDO

La moda de las exposiciones felinas iniciadas en 1898 en Nueva York llega a París con su Cat Club, creado en 1913. El fenómeno del gato era ya imparable, y el amor de esa sociedad por los animales culminó con la creación del Cementerio de Perros, levantado en los suburbios, a veinticinco minutos del centro de la ciudad.

Está considerado como el primer lugar dedicado al entierro de todos los animales de la edad moderna. Seguramente el más antiguo de Europa. Está situado en la localidad de Asnières-sur-Seine y su historia se remonta a 1899, cuando la periodista feminista Marguerite Durand y Georges Harnois fundaron la Sociedad Anónima Francesa del Cementerio para Perros y Gatos.

La pareja compró unos terrenos en lo que entonces era una isla del Sena y lo transformaron en su particular Shangri-La. En realidad, hay todo tipo de mascotas: Marguerite enterró allí a su caballo Gribouille y, a falta de gato, una leona llamada Tigre, que fue portada de la revista *Fémina* junto a su dueña.

En 1987 se le declaró lugar de interés pintoresco, artístico histórico y legendario. Eugene Petit diseñó la entrada, de estilo *art nouveau* y una escultura del artista Arnaud Kasper representa una especie de torre de Babel donde cinco animales (perro, gato, caballo, mono y perico) nos dan la bienvenida a este camposanto.

Paseando tranquilamente entre sus frondosos árboles, arriates de flores y monumentos funerarios, descubriremos lápidas con verdaderas declaraciones de amor de humanos hacia sus mascotas, sin importar a qué especie pertenezcan.

Visitarlo es entrar en el mundo de las emociones de sus dueños. Siguiendo un mapa, encuentras la tumba de Rin Tin Tin, este héroe cinematográfico que fue adoptado por un soldado estadounidense en la Primera Guerra Mundial. Murió en Los Ángeles en 1932, pero fue devuelto a París para ser enterrado en este cementerio.

El cementerio de animales Asnières sur Seine, donde descansan el célebre Rin Tin Tin, Mysouff, el gato de Alejandro Dumas y muchos gatos anónimos que hicieron igual de felices a sus humanos

Mysouff, el gato de Alexandre Dumas, y otros inquilinos famosos suelen atraer a muchos turistas. En realidad, en cada lápida podremos encontrar un trocito del corazón de su humano que dejó pelotas, flores y juguetes y con esculturas a sus queridos amigos para que siempre sean recordados.

Pero en este cementerio no están sólo los animales que han cruzado el arco iris. Al fondo podremos ver una casita llamada Casa de los Gatos, donde una colonia de gatos libres vive tranquilamente en ese apacible lugar cuidada por una asociación.

FÉLICETTE, IDA Y VUELTA A LAS ESTRELLAS

Pero, si hay un gato parisino por excelencia, esa es Félicette, una preciosa gatita sacada de las calles y primer ser vivo en visitar el espacio y volver con vida para poder maullarlo.

Su periplo apenas duró trece minutos, pero fueron suficientes para que sea recordada de por vida. Era una gata blanca y negra que rescató de las calles un vendedor de mascotas y luego fue elegida por el Gobierno francés después de entrenar a catorce gatos del mismo modo que entrenaban a los humanos.

Se optó por Félicette porque el día del lanzamiento el resto de los gatos tenía sobrepeso y era una gata de carácter muy tranquilo. El 18 de octubre de 1963 fue lanzada en un cohete sonda al espacio desde Argelia. La misión fue un vuelo suborbital, el cohete alcanzó los 152 kilómetros y Félicette superó con éxito los cinco minutos de ingravidez. Cuando su cápsula fue expulsada del cohete, la gata aterrizó con el paracaídas y se recuperó sin problemas del viaje.

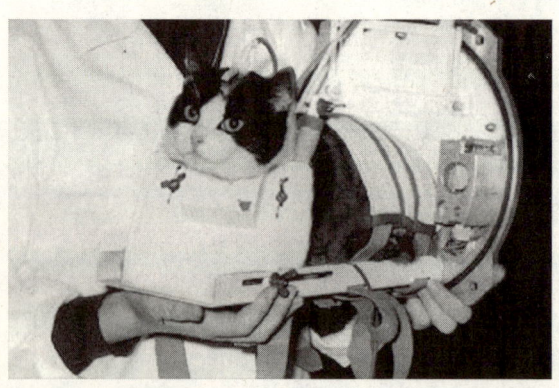

Félicette, una preciosa gatita sacada de las calles y primer ser vivo
en visitar el espacio y volver con vida para poder maullarlo

Lamentablemente, los científicos optaron por sacrificar a Félicette para estudiar cómo había afectado el viaje espacial a su cerebro.

En 1997, se quiso homenajear a esta gata y a otros animales que subieron al espacio representándola en sellos de correos. Algunos países tuvieron poca diligencia y sus sellos conmemorativos identificaron erróneamente a un gato macho llamado Felix, desluciendo la trayectoria de esta preciosa gatita.

En 2017 se lanzó una campaña de financiación para crear un memorial y se recaudaron casi 50.000 euros. El dinero sirvió para encargar una estatua de bronce de 1,5 metros donde se muestra a la valiente astronauta sentada en un globo terráqueo mientras mira al infinito. La podemos ver en Estrasburgo, en el Salón de los Pioneros, en la Universidad Espacial Internacional.

Choupette, la gata de Lagardfield, adoptó el lujo de su humano del que heredó, dicen, 200 millones de euros. A día de hoy es una gata influencer que viaja con un séquito de cinco personas, entre ellos un chef de cocina. Imagen del perfil de Instagram de su gata en 2017

CHOUPETTE: ELEGANCIA AL
SERVICIO DE LA MODA

No podemos decir adiós a París sin hablar de moda ni de alta costura. Menos aún si entre los hilos dorados de la moda más exclusiva se encuentra Choupette, la gata birmana que amasó su legado en el mundo de Karl Lagerfeld, el genio de Chanel.

Como un sereno faro en la vanguardia de la elegancia, Choupette trascendió la esfera común de los felinos y se convirtió en un icono de estilo y sofisticación desde que el modisto se la robó a su amante y modelo Baptiste Giabiconi. Una Navidad se quedó a su cuidado y nunca más se separaron.

El káiser de la moda y su gata formaron una pareja apasionada, y su amor fue inquebrantable. Choupette comía en vajilla de plata, viajaba en transportines de Louis Vuitton y con su propia bolsa de Goyard para sus cepillos de plata también.

En el singular universo de Lagerfeld, esta gata blanca y esponjosa, bajo la influencia creativa de este genio visionario, ascendió a un rol inimaginable, inspiración viviente para las creaciones del maestro de la moda. Fue la inspiración de la colección *Choupette in Love*, además de una línea de Chanel con ojos del gato.

La gata, mimada y adorada, compartía la vida lujosa de su dueño. Viajes en *jet* privado, cenas *gourmet* servidas en platos de porcelana, cuidados dignos de la realeza: todo esto era su realidad cotidiana. Choupette, un ser de altos estándares y exquisitos gustos, elevó su posición a tal grado que Karl Lagerfeld lanzó una marca de accesorios de lujo con su nombre, un tributo a su importancia en el mundo del diseño y la moda.

Choupette se convirtió en el lienzo en el que Lagerfeld plasmó su pasión por el lujo y el estilo. Sus ojos azules, profundos como los océanos de su creatividad, no sólo reflejaban la sabiduría felina, sino también el mundo vibrante de la alta costura. Cada maullido, cada ronroneo, se entrelazaba con las puntadas de sus creaciones más exclusivas. En 2014 facturó tres millones de euros y, como cualquier *celebrity* humana, va acompañada de un séquito formado por dos cuidadores, un veterinario, un chef y un guardaespaldas. Lagerfeld dijo en una ocasión que su amiga peluda era la infanta Margarita rodeada de criados en *Las meninas*.

Sus apariciones públicas se convirtieron en eventos, como si el mismísimo escenario de la moda se inclinara ante su presencia felina. Sin embargo, incluso ante esta esfera de lujo y notoriedad, Choupette conservó su esencia gatuna. Los rascadores, los rayos de sol filtrados a través de las cortinas y las travesuras propias de los felinos seguían siendo parte integral de su día a día.

Lagerfeld se despidió de su universo glamuroso en febrero de 2019, pero su genialidad siguió viviendo en su gata, que trasciende a su partida. Choupette heredó más de 200 millones de euros y la esencia del genio, que perdurará cuando cruce el arco iris porque es un recordatorio constante de cómo la gracia felina se entrelaza con el mundo del arte y la creatividad. Cada paseo sobre el escenario de la moda evocará sus memorias, manteniendo viva la llama de la elegancia felina que dejó impresa en la historia de la alta costura.

Largo di Torre Argentina es una plaza de Roma que contiene cuatro templos romanos republicanos, y los restos del Teatro de Pompeyo. Se encuentra en el antiguo Campo de Marte. Allí se ubica el santuario de gatos de Torre Argentina, un refugio para gatos sin hogar

X

LOS FELINOS
DE LA CIUDAD ETERNA

Para pasar la velada me basta con dos gatos
jugando en la alfombra.

Anna Magnani

Con los recuerdos asomados entre los ecos del pasado, hay un misterio que se nos muestra en tierras de Chipre. Allí, en la quietud de una tumba fechada entre los años 8300 y 8000 a.C., el esqueleto de un gato reposaba junto a lo que podría haber sido su humano.

Las monedas ancestrales, datadas en el año 500 a.C., desvelan el vínculo entre los gatos y la tierra de Italia. En ellas los fundadores de Taranto y Reggio Calabria se inmortalizaron en compañía de la enigmática figura felina.

Durante esta era, las voces del pasado susurran nombres impregnados de la esencia de «gato»: Felicula, Felicla, Cattus, Cattulus. Palabras que evocaban la misteriosa elegancia de estos seres.

En el seno del antiguo Imperio romano, el gato ascendía a la categoría de lo casi sagrado. Su figura, símbolo de victoria, ondeaba en los estandartes de muchas legiones romanas, pintados en una paleta de colores tan diversa como los matices de su propio pelaje. Era el emblema de un ejército que veía en él la esencia de la lucha y la astucia.

Por eso esta capital del mundo alzó un templo en honor a la amistad entre el ser humano y el misterioso felino, con una pequeña estatua de gato en el Palazzo Grazioli, una constante guardiana de los secretos de antaño. Y por eso, en las alturas del monte Aventino, donde la diosa de la libertad, Libertas, extendía sus alas en lo alto de un templo construido en su honor, el emperador Tiberio Graco ordenó poner a los pies de la diosa un gato como testigo silente de la independencia y la búsqueda de lo desconocido.

Desde 1929 los gatos tienen su hogar en Torre Argentina, un refugio en el que han invertido tiempo y dinero actrices, actores y un nutrido grupo de amantes gatunos, tanto romanos como extranjeros.

Los felinos dejaron sus huellas en la historia eterna de Roma y fueron, y son, guardianes de secretos, símbolos de victoria y acompañantes en el viaje de la vida.

Gato en las ruinas del Coliseo

LAS HUELLAS FELINAS EN EL
CORAZÓN DE ROMA

Cuando las llamas voraces del infortunio devoraron el monumento, Roma no se rindió y, renaciendo de sus cenizas, devolvió al edificio un esplendor aún mayor dotándolo de la primera biblioteca pública. La diosa Libertas, con su antorcha en alto y sus ojos fijos en el horizonte, voló fuera de las fronteras de Roma para inspirar una creación icónica: la famosa estatua de la Libertad en tierras lejanas. Así, la diosa y su compañero felino, unidos en su defensa de la libertad, esparcieron su influencia más allá de los mares.

Roma honró al gato con las palabras sabias del dicho *Libertas sine labore* —«Libertad sin trabajo»—, un recordatorio de la autonomía y la independencia que estos enigmáticos seres personifican. Bajo su amparo, los gatos recorren los monumentos con la majestuosidad de saberse los dueños del tiempo. Desde los cementerios hasta el imponente Coliseo, se han convertido en la esencia de Roma, en un sello distintivo de la ciudad.

En el lugar donde la historia contiene el aliento, donde hace más de 2050 años la traición tejió sus hilos y cayó muerto Julio César, el santuario Torre Argentina en el Campo de Marte se alza para honrar la tenacidad de una «dama de los gatos». Silvia Viviani, en su calidad de *gattara*, decidió levantar un refugio en sus ruinas para aquéllos que vagaban en busca de un hogar, y esa asociación ha mantenido desde entonces su compromiso.

El ayuntamiento, en un intento por reescribir la historia de las ruinas, se posicionó contra el santuario y la respuesta de la comunidad resonó en un coro unificado de apoyo. Casi 130.000 correos electrónicos clamaron por el derecho a cuidar y proteger a los felinos.

La asociación de gatos se levanta en el epicentro mismo de la memoria. En Torre Argentina, el lugar donde se intercalan las ruinas de templos olvidados y los vestigios del teatro de Pompeyo, los felinos tienen su hogar desde 1929.

SÓLO LOS GATOS TIENEN PRIVILEGIOS EN LAS RUINAS DEL FORO ROMANO

La colonia de mininos se adueña de las ruinas con una serena indiferencia hacia los pasos de los turistas que pisan piedras que una vez tuvieron un propósito grandioso. En este reino de piedra y sombras, la Curia de Pompeyo cede espacio para la vida felina, una paradoja que desafía el tiempo.

La actriz Anna Magnani era una "gattara" consumada que alimentaba a sus amigos peludos por la noche intentando pasar desapercibida escondida bajo un pañuelo

Los visitantes quedan perplejos al encontrarse con estos regios gatos y se adentran en la tienda de *souvenirs* para llevarse algo que se lo recuerde siempre. Este «santuario» no sólo otorga refugio a los gatos, sino que también les brinda una «octava vida» con cuidados veterinarios y mimos.

Nona, «la gata reina», con su mansedumbre a cuestas y un ojo ausente, busca un hogar en las calles de Roma. En esta colmena de cariño y compasión, los 680 gatos de la colonia —una fracción de los estimados 180.000 gatos que recorren la ciudad— son los soberanos de las ruinas, reviviendo el legado que forjaron hace dos milenios.

ANNA MAGNANI, LA *GATTARA* ICÓNICA

Entre los amantes célebres de estos seres misteriosos, la icónica actriz Anna Magnani ocupa un lugar especial.

Franco Zeffirelli, un gran amigo suyo, contó que la diva paseaba por la ciudad con una cesta de comida para gatos y la cabeza tapada, enfrentándose a cualquiera que cuestionara su devoción gatuna. Un buen día, un hombre al que no debían gustarle los gatos se enfrentó a ella por lo que hacía. Cuando la mujer se quitó el pañuelo, miró al osado con los ojos encendidos en llamas. El tipo se quedó atónito al descubrir que la *gattara* no era otra que Anna Magnani, una fuerza de la naturaleza que trascendía las luces de la pantalla.

Ella hablaba de que hacía la «ronda de los siete gatos», un juego de palabras en el que subvertía la tradición de las siete iglesias en favor de siete colonias felinas. La ronda de las siete iglesias era una tradición que se remonta a 1540 atribuida a san Felipe Neri. Anna y sus compatriotas recorrían las calles de la capital visitando las siete colonias felinas, llevando consuelo a sus compañeros peludos.

«Prefiero la soledad a las fiestas y para pasar la velada me basta con dos gatos jugando en la alfombra», declaró la actriz en cierta ocasión. Pero no estaba sola. El actor Antonio Crast también se alzó como protector de los gatos y su tenacidad consiguió una llave de una estancia subterránea donde guardar el alimento para sus amigos peludos.

En los años ochenta, otra actriz llamada Franca Stoppi asumió el legado de sus compañeros y peleó por la castración de los gatos, una difícil tarea que realizó con el apoyo del veterinario Stefano Baldi y que la llevó al borde de la extenuación, tanto física como financiera.

En 1993, Silvia Viviano y Lia Dequel unieron sus fuerzas a Franca Stoppi y comenzaron a censar a los gatos, estableciendo su número en 550. Dos años después, una protectora británica brindó apoyo moral, recursos y consejos a todas estas *gattare* luchadoras. La ubicación del santuario, en las mismas ruinas, se reveló como un potencial para recaudar fondos: se atrevieron a pedir apoyo a los turistas y el apoyo llegó.

La esposa del embajador británico organizó otra cena para 500 personas con el fin de recaudar fondos que mejoraran la vida de los gatos, permitiendo la esterilización, vacunación y desparasitación de la gran colonia. Gracias a esta ayuda, el ayuntamiento de Roma proporcionó agua corriente y electricidad a las instalaciones.

Hoy en día, el santuario de Torre Argentina se alza como un faro de esperanza, destinado a reducir la población de gatos callejeros en un esfuerzo que abarca más allá de sus propios muros. El sistema de adopción ha resultado muy eficaz y los gatos encuentran nuevos hogares a través del traslado clásico o de adopciones a distancia. Los felinos que siguen merodeando por las ruinas, las almas más arraigadas, también reciben apoyo en forma de adopciones.

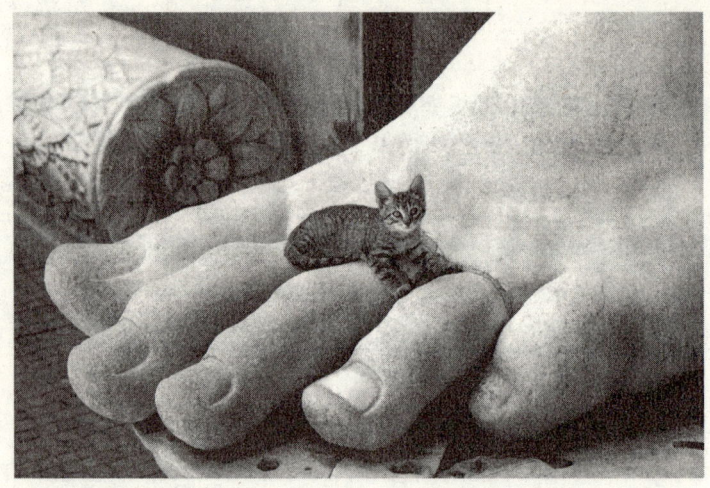

*Un gato romano descansando en el pie de la estatua
colosal de Constantino en los Museos Capitolinos*

En el año 2001, los gatos escribieron un nuevo capítulo en las páginas de Roma al ser reconocidos como patrimonio biocultural. Desde las sombras del majestuoso Coliseo hasta las piedras del Foro Romano, los gatos se convirtieron en embajadores del pasado y el presente de la ciudad.

Vencidos, los reticentes funcionarios romanos no tuvieron más remedio que claudicar. Una antigua ley de Lazio especifica que los bigotudos callejeros tienen el derecho de quedarse donde nazcan. Son, por tanto, ciudadanos romanos y, al ser reconocidos como patrimonio de la ciudad, toda la ciudadanía tiene el deber de procurarles una vida digna y sana.

SANTIDAD Y TRAVESURAS FELINAS

La trama de santos y gatos respira en las calles empedradas de Roma, donde la espiritualidad y las travesuras felinas conviven en armonía. San Felipe Neri, apóstol de la Ciudad Eterna, irradiaba simpatía y humor, y su compañero felino, el «gato» llamado Gato Rojo, conocía sus secretos como sólo un verdadero gato puede.

En medio de sus ocurrencias, Gato Rojo se unía a la ardua tarea del santo: impartir lecciones de humildad a las penitentes. Juntos y cómplices, entre lo divino y lo humano, crearon un lazo único que se hacía patente cuando venían a consultarle cardenales y demás gente de la élite de Roma, y él los recibía con su gato enroscado en el regazo.

También los gatos en Cracovia tienen su historia relacionada con Roma. La sensibilidad de Karol Wojtyła, antes de convertirse en papa Juan Pablo II, se recoge en una anécdota que captura su profundo amor por los animales y su conexión con la humanidad. Mientras se preparaba para salir hacia el cónclave que eventualmente lo coronaría como sucesor de Juan Pablo I, una anciana angustiada se cruzó en su camino y llamó su atención.

Los vecinos le habían arrebatado a su compañero felino, dejándola devastada, y ella buscaba ayuda en la Iglesia. A pesar de la premura del momento, el cardenal Wojtyła no dudó en extender su mano caritativa, invitó a la anciana a subir y mandó al chófer que los llevasen al barrio donde ella residía. Con palabras compasivas y gestos convincentes, logró que los vecinos devolvieran el gato a su legítima dueña. Después, corrió al aeropuerto y logró abordar su vuelo a tiempo. Fue la despedida pastoral de su diócesis de Cracovia, una última acción antes de asumir el nombre de Juan Pablo II. Lo siguiente fue llevarse a su propio gato para que le acompañara en el Vaticano.

GATOS ENTRE PÁGINAS Y BALCONES ROMANOS

El interés perpetuo por los encantadores felinos de Roma quedó plasmado en las páginas de un libro que se convirtió en un éxito de ventas: *Los gatos de Roma*. La novela, creada a cuatro manos por Mónica Cirinna, defensora del movimiento animalista, y Lilli Garrone, una narradora de historias felinas, desvela las curiosidades y leyendas que rodean a los gatos romanos a lo largo de la historia.

Gatos romanos siendo alimentador en la calle

El paseo merece la pena porque en sus páginas se narran las historias del gato de Tarquinia y del felino etrusco inmortalizado en una antigua tumba. Se descubren relatos sobre Lulio, el gato que merodeaba el foro en los tiempos de Augusto, y una infinidad de curiosidades hasta los días contemporáneos.

Rafael Alberti, figura icónica y poeta comprometido, también sucumbió al mundo de los gatos romanos durante su residencia en Trastévere. En su obra *Roma, peligro para caminantes*, se asoma a la ventana de su cocina y contempla el andar grácil de los gatos en los tejados. Observa cómo corren audaces, saltando de cornisas a balcones y se pregunta sobre el destino de Roma sin estos compañeros felinos que se han convertido en testigos de la ciudad.

«Gato de Kazán, mente de Astrakán, inteligencia de Siberia»,
ilustración satírica de un libro popular (lubok), c. 1710

XI
LA REPÚBLICA RUSA
DE LOS GATOS

Los gatos están destinados a enseñarnos
que no todo en la naturaleza tiene un propósito.

Garrison Keillor

Las vastas extensiones de la gran Rusia han creado un misterioso lazo entre los felinos y sus habitantes que ha trenzado una narrativa tan rica como el propio país. Al adentrarnos en este enigmático universo de ronroneos y patas silenciosas, descubrimos una conexión única entre Rusia y sus gatos, una relación que trasciende las épocas y las fronteras.

Ésta es la crónica de los guardianes de las noches heladas, los aliados inusuales y las leyendas que laten en las calles y museos de esta tierra.

Los rusos aman a los gatos y Rusia es el país donde más hogares comparten techo con ellos. Un 59% de los habitantes de estas tierras conviven con al menos un felino, erigiendo a Rusia no sólo como la tierra de los zares, sino también como la morada de los zares de pelaje.

La estrecha conexión entre los rusos y sus amigos felinos ha contribuido a multitud de leyendas y supersticiones, en las cuales estos seres enigmáticos desempeñan un papel central.

Las narrativas tejidas en los hilos del folclore transmiten la riqueza de la tradición, destacando creencias arraigadas que hablan de que un gato de tres colores es un guardián de hogares y mensajero de la buena suerte. En el crisol de estas creencias inmateriales, incluso un banco, el Sberbank, orquestó una campaña publicitaria singular, una que no se basaba en regalos materiales efímeros, sino en la promesa de algo mucho más trascendental.

En un giro ingenioso, este banco, consciente de las supercherías arraigadas en este sufrido pueblo, abrió las puertas de su inventiva y ofreció a los demandantes de hipotecas la posibilidad del crédito y un catálogo de gatos. Cada cliente tenía el privilegio de elegir uno de estos seres, que se convertiría en un huésped momentáneo de su nuevo hogar, una presencia cuyo propósito no era otro que atraer fortuna y prosperidad. La iniciativa fue todo un éxito, dejando patente cómo incluso en los dominios de las finanzas y los préstamos los gatos de Rusia también dejan su huella.

La pasión de este país por los gatetes le ha llevado a tener el mayor circo felino del mundo. No somos partidarias de circos porque amamos a los animales, pero conociendo el carácter gatuno nos atrevemos a decir que lo que consigan con estos seres tan independientes no va a ser a través del castigo, sino del amor y, sobre todo, del interés gatuno. Los gatos en Rusia no son meros actores, son estrellas en el firmamento de la cultura.

Hay varios lugares donde los gatos son los reyes. Uno de ellos es Zelenogradsk, en el Báltico. Y el otro es San Petersburgo, una población donde el corazón del ronroneo late más fuerte porque existe entre la ciudad y estos mágicos mininos un vínculo perdurable.

En el esplendoroso Palacio de Invierno, antigua residencia imperial convertida en el Hermitage, una colonia de gatos guardianes desafía el tiempo y la historia. Héroes silenciosos que han sobrevivido a los avatares de la revolución y las guerras mundiales, estos felinos se han ganado un lugar sagrado en los pasillos laberínticos del museo.

Los gatos del Hermitage, la pinacoteca más grande del mundo, desempeñan un papel esencial en la protección de las valiosas obras de arte que alberga. Su misión, transmitida de generación en generación, es mantener a raya a las ratas que podrían dañar las preciadas piezas.

En las frías e interminables tierras rusas, la unión entre los humanos y los gatos ha creado un relato único, lleno de leyendas y proezas. Desde las tradiciones populares hasta los museos más importantes, los gatos rusos han dejado su huella en la cultura y el corazón de este país.

«*Gato Bayun*», *grabado de Georgii Zubkovsky, 1951*

LEYENDAS A GOLPE DE ZARPAZOS

Las leyendas atemporales se deslizan como sombras en la penumbra de la literatura rusa, presentando figuras místicas como el enigmático gato Bayun. Cuentan que su ronroneo oculta un poder místico, capaz de acunar a los incautos viajeros en sueños eternos. Los gobernantes, ansiando deshacerse de sus enemigos, enviaban a estos traidores en su busca, sólo para perderlos en las garras de la criatura.

Los gatos trascienden su mero papel como mascotas y se alzan como símbolos. Es el caso del gato sabio, otro gato folclórico al que el mismísimo Alexandr Pushkin nombra en el prólogo de su poema *Ruslán y Liudmila*. Este gato sabio es un pariente lejano de Bayun y se desconoce el motivo por el que permanece atado con una enorme cadena de oro a un enorme roble. Lo que sí saben todos los niños es que si gira a la izquierda contará un cuento y si lo hace a la derecha cantará una canción.

Rusia rinde honor a los gatos en la literatura, los cuentos y los dibujos animados. El gato Leopold, inspirado en Tom y Jerry, es el único gato en esa serie de dibujos que gana a los traviesos ratones porque los rusos les deben mucho a los felinos

Los gatos, compañeros de tinta y papel, caminan junto a los escritores en una polka literaria eterna. Mijaíl Bulgákov, el médico, dramaturgo y autor de la novela *El maestro y Margarita*, considerada una obra maestra, da protagonismo al gato Beguemot, un ser de color negro y diabólico que forma parte del séquito de Voland y al que todos los lectores idolatran por su carisma, sus bromas y sus agudas frases que luego se sueltan en las sobremesas rusas y en las tertulias de intelectuales.

En el rincón más ameno de la cultura popular surge el gato Leopold, una encarnación rusa de la eterna lucha entre gatos y ratones, que ha trascendido las fronteras de la pantalla. Este intelectual felino, engalanado con su pajarita como un caballero de antaño, se erige como consejero imperturbable de los pequeños. Su voz sabia resuena en los oídos de los niños: «Muchachos, vivamos en paz», susurra como un mantra constante. Pero el destino de Leopold está ligado a la travesura, pues debe enfrentarse a dos ratones diablillos y vengativos cuyo deseo de revancha es un eco de agravios acumulados a lo largo de los siglos.

A pesar de sus problemas, el sabio gato siempre extiende su ayuda, una metáfora palpable de la constante lucha entre adversarios. Leopold personifica la tenacidad de un pueblo que se alza ante el infortunio. Los gatos han dejado una profunda huella en la literatura rusa y en sus habitantes, enriqueciéndola con infinidad de leyendas. En esta sinfonía cultural, se vislumbra una verdad irrefutable: gatos y rusos están unidos en un destino compartido, que se despliega en el eterno devenir del tiempo. Según avances en este paseo y conozcamos San Petersburgo se hará más comprensible por qué nunca un ruso permitirá que un ratón gane a un gato.

UN GATO RESCATADO
NOMBRADO VICEMINISTRO

¿Aún persisten dudas sobre si en el corazón de la mayoría de los rusos reside en secreto una «loca de los gatos»? ¿Aún te sorprende que designar a un felino como viceministro resulte de lo más natural? Este asombroso episodio aconteció cuando un humilde trabajador de un basurero, en un acto de valentía y empatía, rescató a un gatito al borde de la trituración. En gratitud por cada rescate, los operarios reciben un incentivo en efectivo y una carta de agradecimiento del Ministerio de la Naturaleza. Pero, en esta ocasión, se traspasaron todos los límites.

Tras el heroico salvamento, el minino fue honrado con el título de viceministro honorario del Ministerio de Medio Ambiente de la región de Uliánovsk. Este fenómeno de asignar roles públicos a los gatos no es raro y, conforme avancemos, iremos desvelando sus misterios en distintos rincones del mundo.

Moscú, un enclave donde la vida sigue los compases del frío invernal durante meses interminables, alberga a unos 100.000 gatos en sus calles. Estos intrépidos felinos sobreviven sorteando el rigor del clima, deslizándose por estrechas aberturas a ras de suelo, que llevan a olvidados sótanos. Ahí encuentran su refugio yaciendo acurrucados cerca de las cálidas tuberías de la calefacción municipal, desafiando la muerte por congelamiento en los meses más helados.

En respuesta a esta realidad gatuna, el ayuntamiento ha promulgado una ordenanza a petición de una ONG, que dictamina que estos ventanucos permanezcan abiertos. Si estos refugios quedan sellados, quienes vigilan las colonias pueden abrirlos con un puntapié, asegurando así la supervivencia de estos compañeros peludos. Estos pasajes no sólo ofrecen refugio, sino que también permiten la introducción de alimento, que, de otro modo, se congelaría en el exterior debido a las temperaturas gélidas, privando a los gatos de su sustento. En aras de la vida de estos pequeños seres, no hay obstáculo insalvable.

UN HÉROE EN EL ASEDIO DE LENINGRADO

Los gatos de San Petersburgo son un tesoro y el alma de la ciudad. Para muchos, su talismán. La deuda de gratitud hacia ellos es impagable y eso se plasma en incontables recuerdos felinos. En cada esquina, prendas de vestir y objetos cotidianos se engalanan con su imagen, retratándolos en innumerables poses, desde alentando al equipo de fútbol de la ciudad, el Zenit, hasta posar frente a icónicos monumentos que se perfilan en el horizonte.

En los compases del Mundial de Fútbol del 2018, celebrado en tierras rusas, se hace popular Achille, uno de los gatos del Hermitage. Este magnífico felino, de blanco pelaje y sordera imperturbable, emuló a un oráculo moderno, anticipando los desenlaces de varios partidos. Aunque no alcanzó las proezas del pulpo Paul, cuyos aciertos ascendieron al 100 % y predijeron el triunfo de España, Achille dejó su huella tanto en la ciudad como en el resto del país.

No obstante, la relación entre San Petersburgo y sus gatos es un vínculo que se sumerge en lo profundo de su historia. Hay que volver la mirada a esos oscuros días, cuando el cerco nazi cayó sobre Leningrado (nombre que puso a la ciudad Lenin, como antes hizo Stalin denominándola Stalingrado).

Durante 900 días, entre 1941 y 1944, la ciudad fue aislada para impedir que llegaran alimentos y medicinas. En ese pavoroso lapso, más de 600.000 vidas se apagaron por el hambre, los gatos se desvanecieron y las ratas reclamaron las calles. Estos roedores implacables no sólo devoraron cuanto hallaron, incluido el precioso grano, sino que también se cernió sobre la población la amenaza de una crisis sanitaria.

Estatua del gato Vasilisa en San Petersburgo

Fue entonces cuando el Gobierno, alarmado por el riesgo epidémico, urdió una solución: reclutar gatos de todas las regiones de Rusia, en especial de Tyumen, donde hoy reposa un parque en memoria de ese crucial momento.

5000 felinos respondieron a la llamada y ejecutaron su deber con destreza. San Petersburgo no olvida aquel gesto salvador. Las estatuas de los gatos Yelisey y Vasilisa —pequeñas en tamaño, máss inmensas en significado— rinden tributo a la formidable labor de esos valientes seres durante esos días aciagos.

Los más devotos se congregan en la cafetería-museo denominada República de los Gatos, un rincón donde veinticinco mininos hallan hogar, trazando uno de los primeros senderos hacia lo que hoy conocemos como *cat-café*, donde utiliza una moneda especial, acuñada con el sello felino.

Sin embargo, si entre las historias que brotan de aquellos tiempos sombríos hay una que destila autenticidad, belleza y emoción, ésa es la crónica de la gata Vaska, cuya lealtad y amor salvó a tres generaciones de mujeres: una abuela, una madre y una hija.

El relato lo cuenta la nieta y siempre nos hace llorar:

Mi abuela siempre decía que su pequeña familia sobrevivió al difícil bloqueo gracias a su gata Vaska. Si no fuera por esta guerrera incansable de melena encendida, probablemente habrían muerto de hambre como muchos otros. Con las bombas cayendo bajo el asedio nazi la comida escaseaba… La vida aún más… Mi madre y mi abuela se esforzaban por sobrevivir y, como en una película de Disney, un escuálido minino, con las fuerzas que le quedaban, se quedó al cargo de la obtención de comida para esta familia de tres. Todos los días, Vaska salía a cazar y traía a casa ratones o incluso, si estábamos de suerte, alguna rata grande y gorda. Mi abuela destripaba los ratones y cocinaba estofado, con las ratas hacia un aceptable *goulash*.

La infatigable felina se sentaba siempre a su lado esperando pacientemente a que la cocinera decidiera cuándo era su turno para comer. A la hora de dormir, las tres se acostaban bajo una raída manta y entraban en calor acunadas por su suave ronroneo.

Cuando la gata empezaba a dar vueltas, intranquila, maullando sin parar, sabían que había llegado la hora de correr hacia los refugios antiaéreos. Un sexto sentido la alertaba de la llegada de los cazabombarderos y:

cogiendo lo imprescindible, mi abuela nos sacaba a empujones para ponernos a salvo. La gata, en brazos, vigilada en todo momento para que no sirviera de almuerzo en alguna otra casa, aguantaba estoica hasta que pasaba el peligro y podíamos volver de nuevo a lo que quedaba de nuestro hogar. El hambre era terrible y Vaska estaba tan famélica y necesitada como todos los demás. Durante el invierno mi abuela recogía y guardaba cuidadosamente todas las migas de pan que podía y en primavera salían juntas a cazar. Una esparcía las migas por el suelo y se escondía. La gata se camuflaba como podía y agazapada realizaba la emboscada perfecta para atrapar a los inocentes pájaros.Como andaba justa de fuerzas necesitaba de la ayuda de su compañera humana, que salía corriendo de los arbustos para acabar con la faena. Así que desde la primavera hasta el otoño nuestro menú se ampliaba y no sólo dependíamos de los roedores. Cuando se levantó el bloque y apareció más comida, e incluso después de la guerra, mi abuela siempre le reservaba la mejor pieza de la comida a la gata. La acariciaba tiernamente mientras le susurraba: «Tu eres nuestro sostén». Vaska murió en 1949 y mi abuela la enterró en el cementerio. Para que la tumba no fuera pisoteada puso una cruz y escribió «Vasily Bugrov». Luego, mi madre, puso a mi abuela cuando murió al lado del animal y yo puse también a mi madre cuando le llegó su hora. De esta manera las tres descansan bajo la misma tierra, como lo hicieron una vez durante la guerra… bajo aquella manta.

Se desconoce el nombre de esta mujer, pero la hazaña de Vaska está hoy en los museos rusos y la escritora Svetlana Aleksiévich lo documentó en su libro *Últimos testigos. Los niños de la Segunda Guerra Mundial*.

LOS AGUERRIDOS GUARDIANES DEL HERMITAGE

La relación de los felinos y San Petersburgo es especial desde que en el siglo XVII la hija del zar Pedro I, Isabel Pretovna, zarina de todas las Rusias, se alarmó al conocer que los sótanos del Palacio de Invierno (convertido en museo de Hermitage años después) estaban llenándose de ratas, lo que ponía en serio peligro todo lo que allí se almacenaba: los más de 15.000 trajes de la zarina y una gran cantidad de objetos de arte.

Isabel I decidió atajar el problema y acudió en busca de los mejores cazadores de roedores: los gatos de Kazán, una raza fuerte y recia que no conocía el miedo y tenía fama de implacable. Lo hizo porque en una visita que hizo a esa ciudad observó que allí apenas había ratones gracias al buen hacer de sus felinos. En el decreto firmado en 1745 se especificaba que quería «los mejores gatos, los más grandes, capaces de cazar ratones y acompañados por una persona que cuidará de su bienestar».

La estatua del gato de Kazan de Igor Bashmakov

En 2009, el artista de Kazán, Igor Bashmakov fue elegido para diseñar una estatua de tres metros de alto por 2,8 de ancho que homenajeara al gato de la ciudad. La estatua muestra un gato con tripa, bien alimentado, que se acaricia los bigotes con una pata y se rasca la tripa con la otra. Fueron los ciudadanos de Kazán los que quisieron homenajear a sus gatos y un patrocinador donó los materiales. En el monumento se lee: «Gato de Kazán, mente de Astrakán, inteligencia de Siberia».

Después de esta pequeña salvedad, volvemos al Palacio de Invierno, su plaga de roedores y a la iniciativa de Isabel I. Al palacio llegaron entre cincuenta y setenta gatos, aunque hay quien habla de 300, y todos fueron nombrados por la zarina «guardianes» del Hermitage.

Cada uno de estos felinos tenía una tarea y un estatus definidos, labrándose su lugar en la jerarquía palaciega. Los gatos de alcoba, así bautizados, compartían el espacio cercano a la familia real, hallando su descanso junto a las cálidas chimeneas. Su presencia, más que utilitaria, constituía un adorno regio que confería un toque de majestuosidad al coro imperial.

Mientras tanto, la restante comunidad felina ostentaba un rango inferior. Conocidos como los cortesanos, desplegaban sus vidas en los subterráneos. En esas recónditas guaridas, su misión primordial era aniquilar la población de ratones que se atrevieran a desafiar la propiedad. A pesar de sus labores, no estaban exentos de un esmerado trato y atención.

Estos guardianes peludos sobrevivieron a las sacudidas de las guerras napoleónicas, presenciaron el ocaso de sus amos durante la revolución bolchevique de 1917 y lograron aferrarse a su hogar en el telar de la Rusia comunista. A lo que no sobrevivieron fue al asedio de Leningrado.

Antes de que los nazis sitiaran la ciudad, las autoridades habían sacado las obras de arte para esconderlas en los Urales y las bodegas del palacio se convirtieron en refugios antiaéreos. La desaparición de los gatos del Hermitage —algunos murieron de hambre y otros sirvieron de comida a la población hambrienta— dejaron desprotegido el lugar y las ratas acabaron con muebles, paredes y todo lo que encontraron.

UNOS GATOS CON WEB Y JEFA DE PRENSA

Al terminar la Segunda Guerra Mundial, el Museo del Hermitage se reabrió con todos sus guardianes prestos a custodiar los veinticuatro kilómetros de laberínticas galerías y, algunas veces, los de la parte noble. En total, este museo alberga más de tres millones de obras y dicen que, si queremos verlo completo y dedicamos sólo un minuto por obra las veinticuatro horas de un día, tardaríamos casi once años en poder verlas todas. Los sótanos albergan dos tercios de sus obras.

Pero cuando recuperaron su puesto de trabajo lo hicieron sin ningún control, reproduciéndose, vagando por el museo y sobreviviendo como podían. Finalizando la década de los sesenta, eran ya un problema en lugar de una solución, aunque nadie parecía darse cuenta.

Fue en la década de los noventa cuando Maria Haltunen, asistente personal del director del museo, observó que los mininos estaban muertos de frío y hambre. Con otra compañera del museo comenzaron a alimentarlos al terminar su jornada, sin ningún apoyo institucional. Lo siguiente fue contar a la prensa la historia de los guardianes del Hermitage, lo que logró que la ciudadanía se implicara en una campaña de recogida de fondos para cuidarlos. Ante el éxito de la iniciativa, el director cedió algunas de las salas del sótano para atender a los más viejos y enfermos.

Se optó por dejar sólo setenta guardianes, dar en adopción a los que pasaran de esa cifra y se prohibió su entrada en las salas de exposición. Los gatos están bien cuidados, tienen en el sótano su hospital y hasta una cocina felina, pero aun así su sola presencia ahuyenta a los ratones. También decidieron ponerles nombres de pintores y escultores famosos, aunque a algunos les han puesto también nombres de países. ¿Se inspiraría en eso el guionista de *La casa de papel* cuando puso nombres de ciudades a sus personajes?

Los «hermitaks» en el sótano del museo, imagen
del Instagram del museo @hermitagecats

A fecha de hoy, el cuerpo de guardianes oficiales no se compone de gatos diestros en el arte de cazar, sino de gatos callejeros perfectamente jerarquizados (aristócratas, cortesanos y plebeyos), dependiendo de su zona de actuación. Todos están minuciosamente documentados en una especie de DNI con su fotografía y la acreditación de su condición de guardia oficial del museo. Los gatos se han convertido en un símbolo, tienen jefe de prensa, página web y, por supuesto, los puedes seguir en Instagram y Facebook.

De cuando en cuando los guardianes suben desde el sótano para disfrutar del sol. Son gatos mimados, con DNI y un regalo especial para quien se decida a adoptarlos: entrada gratuita en el museo de por vida

En las zonas que rodean el museo hay multitud de señales de tráfico donde se advierte de la presencia de los felinos y la obligación de circular despacio.

Los gatos reciben su presupuesto de las donaciones de empleados y visitantes. Son muy queridos en todo el mundo, no sólo en Rusia, y, como dato curioso, en 2020 un médico francés destinó en su testamento una tercera parte de su herencia para los guardianes. No parece que tengan problemas de subsistencia. El Hermitage tiene una cuenta en la que se pueden hacer donaciones y siempre hay fondos. Todos los gatos están bien alimentados, vacunados y esterilizados, además de tener su plato, cama y arenero.

Estos gatos vienen de las calles en muchas ocasiones (algunas personas, incluso, los llevan cuando no pueden mantenerlos) y los trabajadores los ayudan a encontrar buenas casas con buenas personas que les den una vida digna. Todo esto se canaliza desde su página web (www. hermitagecats.ru), donde puedes leer bonitas palabras para las llamadas Fuerzas Especiales Miau.

ADOPTAR UN *HERMITAK* TE PERMITE ENTRADA GRATUITA DE POR VIDA

Si consigues adoptar uno, algo que no resulta nada fácil porque te entrevistan varias veces hasta asegurarse de que eres la persona correcta para mantenerlos adecuadamente, te dan un título oficial como «dueño del gato del Hermitage» y entrada gratuita al museo de por vida. Y es que tener un guardián bigotudo es todo un honor.

Ahora los gatitos no pueden pasearse por las salas, como decíamos, pero tienen un efecto tan positivo en el ánimo de los trabajadores que muchos han trasladado sus oficinas más cerca del sótano para que los guardianes los puedan visitar y en verano se les puede ver en los patios y jardines. Cuando alguno consigue colarse en las zonas prohibidas, los turistas lo reciben con gran alegría. Pero ¡cuidado! Está totalmente prohibido molestarlos o darles comida.

Los gatos son uno de los grandes reclamos del museo. Pese a los cientos de miles de obras que se pueden ver, varias salas de Picasso, entre otras, según dice su director de estos hermosos animales se han escrito tantos reportajes como las pinturas de la pinacoteca más grande del mundo.

Y para cerrar este capítulo de los guardianes del museo nos quedamos con que el calendario ruso les dedica un día al año: el Día de los Gatos del Hermitage. Se celebra el 27 de mayo, y ese día se abren las salas y los sótanos para que los escolares y estudiantes de bellas artes los conozcan, se realizan concursos de pintura y fotografía felina y unos días después se exponen los más destacados en las salas del museo. En este evento se invita a los asistentes a localizar los ratones escondidos en las distintas obras del museo, y ya te digo que no es nada sencillo.

«El gato camarero de la corte del Hermitage», uno de los cuadros como retratos de nobleza de Eldar Zakirov

En 2012, la revista *Hermitage Magazine* encargó a un artista gráfico Eldar Zakirov una serie de retratos felinos. El creador optó por inspirarse en los retratos rusos de la corte de los siglos XVIII y XIX y usó los antiguos trajes guardados en el almacén para pintar la vestimenta de los animales. Los retratos muestran las cabezas de algunos de los gatos del Hermitage ataviados con los trajes que pertenecieron a personajes reales de esas épocas.

LA CAPITAL DEL RONRONEO A LOS PIES DEL BÁLTICO

En las últimas décadas, un lugar de la gran Rusia se ha convertido en la capital del ronroneo. Nos referimos a una antigua ciudad prusiana en Kaliningrado que todo el mundo en el país conoce ya como la ciudad de los gatos (con el permiso de San Petersburgo).

A los pies del mar Báltico nos recibe Zelenogradsk, un pintoresco lugar conocido por su balneario que ha hecho de los felinos sus mejores aliados para el turismo.

Viendo que una colonia de gatos callejeros acompañaba a los turistas por las calles de la ciudad y eran muy bien recibidos por los visitantes, decidieron ponerlo en valor. Lo primero fue nombrar a una jefa de gatos (se presentaron ochenta personas para el puesto). Tras elegirla, se la dotó de un uniforme verde con un sombrero y un logo de un gato para ser reconocida y se puso un buzón también verde en la zona centro para que la gente le pudiera dejar mensajes con cualquier tipo de sugerencia o aviso de algún animal enfermo.

Los gatos del norte de Europa han sido, son y serán gatos recios; cosacos acostumbrados a lidiar con las inclemencias del tiempo y los avatares de la vida. Como todos los felinos, son supervivientes, batalladores, estoicos y capaces de resistir al lado de los humanos a pesar de ser éstos a veces sus peores enemigos. Víctimas y héroes en las guerras, altivos y adorados en la corte, amigos distantes a veces, pero generosos de corazón otras. Ésos son los gatos que adoran los que se pasan por Zelenogradsk.

La ciudad está plagada de monumentos, esculturas y grafitis dedicados a los felinos. Ahora se han colado hasta en los semáforos, donde han cambiado la figura humana por la de un gatete sentado o un gatete caminando. La ciudad es de los gatos y está llena de pequeños detalles que no puedes pasar por alto. Por ejemplo, en las aceras hay huellas de gatos pintadas que te guían para buscar la siguiente obra de arte felino que puedes hallar escondida en cualquier rincón. También hay dispensadores de comida para asegurarse de que, si alguien les quiere dar de comer, les dé la alimentación correcta.

Una de las esculturas más visitadas se encuentra a la entrada del museo de historia local. Allí habita un enorme gatazo al que ningún visitante se resiste a acariciar la barriga para poder pedir un deseo. Es un símbolo de la Puerta Real y guardián de las llaves de la ciudad.

Los lugareños creen que, si un gato prusiano se instala en la casa, entonces la casa no conocerá los problemas y en su hogar nunca faltarán la comida y la comodidad. De esta manera la paz y la felicidad se establecerán en ella.

Un lugar muy curioso es el Museo Murarium, donde se encuentra la colección de arte privada de gatos más grande de Rusia. Está ubicado en una construcción que fue la antigua torre de agua de la ciudad y las piezas que se exhiben fueron recopiladas durante más de treinta años por una familia. Desde 1905 hasta hoy la exposición acoge más de 4000 gatos. Cualquiera puede contribuir llevando un objeto con forma de gato o una imagen de alguno de ellos, porque éste no es un museo refinado, sino más bien una colección ingente de todo tipo de objetos gatunos. El resultado es algo *kitsch* y ecléctico pero, sobre todo, es muy curioso.

Una de las vitrinas del museo Murarium, en Zelenogradsk

Y, por último, advertir de que la invasión rusa a Ucrania ha traído también cambios para los gatos. Hay ocho razas de gatos rusos, entre los que destacan el siberiano, un gran gato, el *donskoy* y el azul ruso, seguramente el más popular. Ninguno de ellos puede competir internacionalmente como represalia a las acciones de Putin y los señores del Politburó. Como dato final hay que destacar que a Putin no le gustan los gatos y así se entiende todo.

Y mientras las historias se funden en las calles adoquinadas y los pasillos de los museos, los guardianes de bigotes continúan con su silenciosa labor, protegiendo tesoros y manteniendo vivas las leyendas que los rodean.

Gatos cazando ratones en el Bestiario de Northumberland, s. XIII

XII
LEYES Y LEYENDAS CELTAS

He estudiado a muchos filósofos y a muchos gatos.
La sabiduría de los gatos es infinitamente superior.

Hippolyte Taine

En Irlanda ser gato era un verdadero privilegio; incluso en la Edad Media —tiempo oscuro en Europa— ya lo era. Existían tratados que detallaban las responsabilidades civiles y económicas con estas criaturas, leyes conocidas como Catslechta que categorizaban a los felinos de la siguiente manera: *meone*, un poderoso gato que emite maullidos, el equivalente a un hábil gato de bodega; *breone*, una gata que ronronea y protege, la guardiana de la casa; *crúipne*, un gato con fuertes patas o garras; *folum*, un gato que pastorea y se mezcla con las vacas en el cercado; *baircne*, un gato que se acurruca junto a las mujeres en los almohadones, conocido como el «guerrero de barco» porque llegó a Irlanda en embarcaciones.

Aunque hay más categorías, éstas son las más comunes y utilizadas. Según estas leyes, el dueño de un gato era responsable de sus acciones y debía compensar por los daños que causara. Sin embargo, también tenía derecho a una compensación si alguien dañaba o robaba a su gato.

¿Qué establecían exactamente estas leyes? Bueno, por un *meone* (el gato de bodega), se debían pagar dos vacas si había testigos del daño causado. Si no había testigos, aun así, se debía pagar una vaca. En cuanto a las gatas ronroneadoras y protectoras (*breone*), «se pagaban tres vacas si hacían ambas cosas, ronronear y proteger. Si sólo cumplían una de las dos funciones, entonces se pagaba una vaca y una novilla de tres años».Atención especial recibían los cachorros, tanto de perro como de gato. Aunque aún no fueran «activos», es decir, maduros y capacitados para su labor, su valor se calculaba en un noveno del valor de su padre, lo que se acercaba al precio de una vaca lechera. Una vez que se volvían activos, los gatos tenían un «precio corporal» que variaba según la labor que desempeñaran. Este precio podía alcanzar hasta tres vacas lecheras. Una auténtica fortuna.

En la Irlanda medieval un gato valía un dineral y las Catslechta también establecían responsabilidades para los dueños. ¿Qué ocurría si su animal se metía en líos? Según la ley de entonces, los dueños no eran responsables si su gato se comía algo de una despensa que no estaba bien cerrada. Sólo en el caso de que alcanzara algo bien resguardado podía haber consecuencias.

Por otro lado, si «en su locura por cazar ratones» causaba daño a alguien, el dueño estaba exento de multa si esa persona no tenía derecho a estar allí. En caso de tener derecho, como un siervo que había entrado en la bodega por orden de su señor, sólo debía pagar la mitad de la multa.

Con el tiempo las cosas han cambiado en Irlanda. Actualmente un 50 % de los hogares tienen perros y sólo alrededor del 30 % tienen gatos, y éstos están protegidos por la Ley de Salud y Bienestar Animal de 2014. La norma rige que quienes cuidan de un gato tienen el deber legal de proteger su bienestar. Es ilegal permitir que un gato enferme sin buscar tratamiento, descuidarlo o abandonarlo, y el maltrato se considera un delito.

UNA SERIE SOBRE UN HOSPITAL GATUNO

En un lugar especial de Irlanda, encontramos el hospital de Cork, dedicado exclusivamente a los felinos. Fundado por la veterinaria Clare, especializada en medicina para estos maravillosos animales, el hospital está diseñado para minimizar el estrés de los pacientes. Las consultas son con cita previa, sin esperas, incluyen difusores de feromonas para mantenerlos relajados y los clientes describen la experiencia como si entraran en un *spa* felino.

Clare Meade, fundadora del hospital de gatos de Cork

The Cat Hospital se convirtió en una serie de la televisión irlandesa donde se mostraba semanalmente la vida en la clínica, desde operaciones hasta emergencias y consultas médicas. Lo más emocionante es la respuesta de los humanos ante la posible gravedad de sus gatos. El amor y el dolor traspasan la pantalla. La serie se emitía los viernes a las ocho y media y tuvo tanto éxito que fue comprada por una de las grandes plataformas televisivas.

Los irlandeses también tienen su propia raza de gato, el gato manx, originario de la isla de Man y famoso por carecer de cola. La historia cuenta que en el siglo XVIII, cuando Noé estaba a punto de cerrar las puertas del arca, un gato llegó tarde porque no paraba de jugar. Aunque logró entrar en el último momento, Noé le cortó la cola con las puertas. Otras leyendas mencionan que los manx surgieron del cruce entre un gato y un conejo, por lo que se los llamó *cabbit*. Pero hay mucha gente que asegura que todo empezó de la mano de sus madres gatunas, que les cortaban la cola para evitar que el ejército invasor los capturara y las colgara en sus escudos.

Esta raza se dio a conocer en sociedad en 1860 y pronto adquirió gran popularidad. Tienen dos capas de pelaje sedoso, orejas puntiagudas, ojos grandes y redondos y patas traseras más largas que las delanteras y fuertes para equilibrar la falta de cola. Su personalidad es un enigma, a veces juguetón y curioso, otras veces reservado y contemplativo, como si guardara antiguos secretos de la isla que lo vio nacer. Hay quien cree que este ser se mueve en los márgenes de la realidad, como un personaje de leyendas y fábulas. No son muy fértiles y su reproducción no es sencilla, lo que los hace aún más apreciados.

Gato manx, en un grabado del s.XIX

NO TE METAS CON EL GATO *SITH*, QUE TIENE NUEVE VIDAS

La isla Esmeralda es un país lleno de mitos y leyendas celtas donde los gatos también tienen su lugar. Cuando el ejército romano invadió Britania, lo hizo acompañado de gatos, a los que consideraban portadores de buena suerte.

En tiempos precristianos, cuando los druidas recitaban la sabiduría del arcano y los *ollave* eran los maestros de la poesía, albergaba un famoso santuario-cueva, donde moraba una gata negra. Se decía que esta gata se sentaba en un majestuoso trono de piedra, con una actitud altiva e iracunda, y ofrecía respuestas a aquellos valientes que se aventuraban en sus dominios para conocer el futuro.

Otra leyenda nos habla de la presencia ancestral de los gatos en la Irlanda del neolítico. En el condado de Roscommon, coronado por una gran piedra, se encuentra Oweynagat o cueva de los Gatos. Los *sapiens*, y luego sus descendientes, consideraban este lugar como una entrada hacia otro mundo. Y, como en la antigua mitología céltica el gato era visto como el guardián del «otro mundo», algunos clanes escoceses afirmaban ser descendientes de estas criaturas misteriosas y llevaban sus pieles en los cascos como símbolo de su linaje.

En la tradición druídica, el gato era considerado sagrado para las diosas. Sin embargo, debido a sus conexiones con lo sobrenatural, el gato también inspiraba temor y respeto. Los relatos hablan de que la diosa Eire concedió a su gato el don del conocimiento, que se encontraba en un caldero lleno de secretos, y el pueblo lo creía, por eso se utilizaba en hechizos. Algunos métodos de adivinación se basaban en el comportamiento felino. Por ejemplo, si un gato moría en una casa se creía que pronto moriría otra persona; si un gato saltaba sobre la comida, se decía que la persona que cocinara esa comida traería al mundo más gatos. Estos seres para esos pueblos primitivos eran una fuente de misterio y precaución en la vida cotidiana.

Pero, a pesar de la diosa Eire y de la asociación del gato con la diosa Brigid, diosa de todas las cosas percibidas por estar relativamente altas, tales como llamas, montañas, colinas y fortalezas, y de las actividades y de los estados concebidos como elevados, por ejemplo, la sabiduría, había un temor arraigado hacia estos animales, considerándolos en ocasiones como algo «impío». Un antiguo dicho en Irlanda rezaba: «Dios salve a todos, excepto al gato».

La mitología celta también incluye la figura del *cat sith* o *cat shide*, un gigantesco gato con una mancha blanca en el pecho que podía cambiar de forma y transformarse nueve veces en gato o, lo que es lo mismo, tenía nueve vidas. La gente creía que debía tener cuidado con el *sith*, ya que podía robarles el alma, y por eso evitaban tener gatos cerca de los cementerios.

Finalmente, los irlandeses siguen la historia del *Rey de los gatos*, un espíritu protector de los felinos que venía en su defensa cuando algo los perturbaba. El cuento narra la historia de un hombre que vivía en una pequeña cabaña en Cork y se negaba a seguir la costumbre de dejar un plato de leche una vez a la semana para mantener contentas a las hadas y al gato *sith*. A pesar de las advertencias de sus vecinos sobre la importancia de complacer a este ser para proteger sus cosechas, el hombre consideraba que eran tonterías.

El destino del individuo cambió cuando, en un acto de crueldad, envenenó al gato *sith* con una taza de leche. El gato murió, pero no por mucho tiempo. Cuando el lugareño visitó un *pub* y compartió su hazaña después de algunas pintas, el gato del *pub* se levantó de repente y exclamó: «¡Bueno, eso me convierte a mí en el rey de los gatos!», y a continuación atacó al asesino, quien huyó de la aldea para siempre.

PANGUR BÁN, EL GATO ERUDITO

Todas las leyendas sobre felinos que pueblan Irlanda han tenido un gran recorrido. En los tiempos del Samhain, el precursor de Halloween, se creía que poner un plato de leche fuera de casa atraería la bendición del *sith*, y aquéllos que no lo hacían se arriesgaban a ver sus casas hechizadas, lo que provocaría que sus vacas dejaran de dar leche. Y la gente no se la jugaba, por si acaso.

Ahora, permíteme llevar tu imaginación a una de las joyas culturales de Irlanda: el *Libro de Kells*. Este manuscrito ilustrado, considerado uno de los tesoros más preciados del país, tiene una relación interesante con los gatos.

El *Libro de Kells* es un manuscrito iluminado que contiene los cuatro Evangelios del Nuevo Testamento, y se cree que fue creado en el monasterio de Kells, en el condado de Meath, Irlanda, alrededor del año 800 d. C. El libro es famoso por sus intrincadas ilustraciones y caligrafía, que muestran una gran maestría artística y un profundo simbolismo religioso.

Aunque no aparecen gatos en las páginas del *Libro de Kells*, la relación entre los monasterios medievales irlandeses y los felinos es parte de su contexto histórico. Los monasterios solían albergar a gatos como guardianes contra roedores y otros animales que podrían dañar los manuscritos y la comida almacenada. Los monjes apreciaban la destreza cazadora de sus compañeros peludos y su capacidad para mantener a raya a las plagas.

Esta conexión histórica entre los monasterios y los felinos agrega un elemento intrigante a la historia del *Libro de Kells* y a la relación de Irlanda con los gatos a lo largo de los siglos.

Así, mientras exploras la maravilla artística de sus páginas y contemplas sus intrincadas ilustraciones, puedes imaginar a los gatos vigilando silenciosamente en los rincones de los monasterios medievales de Irlanda, protegiendo tesoros culturales como éste de las amenazas del mundo exterior. La combinación de historia, arte y la presencia ocasional de estos misteriosos guardianes da un matiz especial a la rica herencia cultural de Irlanda.

Los gatos deslizan silenciosamente su presencia, aparentemente trivial, en medio de manuscritos iluminados y escrituras antiguas. Sus patas ágiles y sus ojos astutos se entremezclan con las líneas trazadas por los escribas, creando un rincón de vida en un mundo de letras. En el folio 48, un gato persigue a una rata que ansía el pan eucarístico. ¿Hay algún simbolismo detrás de esta imagen? No parece, pero tal vez es un recordatorio de la lucha eterna entre el bien y el mal, o simplemente una ilustración de la vida cotidiana en el monasterio, donde los gatos servían como guardianes de los alimentos sagrados.

Ilustración del folio 48r del Libro de Kells

Ya hemos hablado de que en la antigua Irlanda los gatos eran tesoros de alto estatus, cuyas habilidades para mantener a raya a los ratones se valoraban enormemente, y de las Catslechta, lo que no deja lugar a dudas de que la sociedad medieval irlandesa entendía la importancia de estos seres misteriosos y los ponía en valor también en la literatura.

Entre todos los gatos notables de su historia destaca Pangur Bán, cuya vida quedó plasmada en un poema antiguo a manos de un escriba del lugar que se dedicaba a transcribir himnos latinos y textos gramaticales. El manuscrito, que data del siglo IX, se encuentra en la abadía de San Pablo, en Austria, y está escrito en la lengua vernácula del irlandés antiguo.

En sus páginas cuenta que en el corazón del monasterio, entre pergaminos y manuscritos, vivía Pangur Bán, el gato erudito, compañero incansable del sabio escriba. En tiempos antiguos, cuando las sombras de la noche se alargaban y el abad cerraba el *scriptorium*, el gato blanco se sentaba junto a su amigo humano. La vela parpadeaba, y la tinta se secaba sobre los rollos de pergamino mientras el silencio se convertía en su canto nocturno.

¡Oh, glorioso Pangur Bán, maestro cazador de ratones! Yo, el escriba, enfrento palabras en latín, tú cazas escurridizos roedores en las sombras. Con pasos sigilosos, acechas a tu presa, mientras yo persigo el significado oculto de las escrituras. Tú, con tu habilidad felina, y yo, con mis letras entrelazadas, compartimos la misma búsqueda incansable.

Tus ojos brillantes reflejan la luz del conocimiento ancestral, mientras los míos se sumergen en manuscritos centenarios. En nuestra tarea, encontramos alegría y satisfacción. Tú, en tu caza, y yo, en mis letras. Ambos, en nuestro propio mundo de dedicación y perseverancia. Así, Pangur Bán, en las páginas del *Libro de Kells*, las historias de gatos en Irlanda, y en este humilde relato, tu espíritu perdura como un recordatorio de la importancia de la perseverancia y la pasión en la búsqueda del conocimiento y la belleza, sin importar las formas en que el arte y la naturaleza se entrelacen en el tejido de la historia.

GATOS NEGROS TERRORÍFICOS

En el *Libro amarillo* de Irlanda se describen guerreros con cabezas de gato, y uno de ellos era un renombrado campeón gaélico. Incluso uno de los reyes irlandeses llevaba el nombre de Cairbar Cinn Chait, que significa «Cairbar de la cabeza del gato».

En el cuento del *Viaje irlandés de Maelduin*, los marineros se encuentran en una isla, la isla del Gato, gobernada por animales. Aunque el lugar parece próspero y lujoso, el tesoro es custodiado por un «gato maravilloso», que convierte a aquéllos que intentan robarlo en cenizas con su zarpa ardiente.

Pasando a tiempos más recientes, en el mundo de las destilerías de *whisky* irlandesas, los gatos también han tenido su lugar especial. Estos lugares a menudo atraían roedores debido a la gran cantidad de grano, especialmente cebada malteada, utilizada en la producción de *whisky*. Los gatos, como Smitty en la destilería de John Jameson & Son en Dublín, se convirtieron en guardianes de la salubridad y el orden en estos establecimientos. Así que, la próxima vez que pidas un Jameson en un *pub*, recuerda a los valientes gatos que vigilaban las destilerías.

Ya en tiempos más actuales, hay una historia aterradora conocida por todos los irlandeses acerca del gato negro de la Casa Killakee. Al parecer, en 1968, la señora Margaret O'Brien y su marido, Nicolás, compraron lo que entonces era un edificio abandonado con la intención de convertirlo en un centro de arte. Los trabajadores informaron de que escuchaban sonidos escalofriantes y, en cierta ocasión, vieron a un imponente gato aparecerse ante ellos para, repentinamente, desaparecer.

Al principio, la señora O'Brien no dio crédito a estas historias, pero pronto tuvo su propio encuentro con el gato. Lo vio parado en el pasillo, observándola. A pesar de que todas las puertas estaban cerradas con llave, el gato simplemente se desvaneció.

Tiempo después, tres pintores que trabajaban en una habitación sintieron una súbita caída de la temperatura, seguida de la apertura abrupta de la puerta. Apareció una figura borrosa que gruñó enfurecida. Los pintores salieron corriendo y cerraron la puerta, pero, al mirar atrás, vieron la puerta de nuevo abierta y un gato negro con ojos centelleantes que les gruñía amenazadoramente.

Tras este encuentro escalofriante, Margaret O'Brien

exorcizó el edificio y las cosas se calmaron por un tiempo. Pero entonces, en octubre de 1969, un grupo de actores que se alojan en el centro de arte decidieron celebrar una sesión de *ouija* y los disturbios comenzaron de nuevo, esta vez con los espíritus de dos monjas que aparecerían ante testigos sorprendidos en la galería del centro.

Una médium local, Sheila St. Clair, visitó la propiedad y afirmó que los fantasmas eran los espíritus infelices de dos mujeres que habían asistido a rituales satánicos celebrados durante las reuniones de la famosa Hell Fire Club en el siglo XVIII. Richard Parsons había fundado una sucursal irlandesa de este club en 1735 y se dice que celebraban sus siniestras asambleas satánicas en un pabellón de caza, cuyas ruinas aún se pueden ver en la colina Montpelier, detrás del centro de arte.

La leyenda local dice que Richard «Burnchapel» Whaley, un miembro de una de las familias más ricas de la zona, se había unido a la sociedad y se había deleitado en los rituales libertinos, que incluían la quema viva de un gato negro en al menos una ocasión, la adoración de los gatos en lugar de al mismo Satanás, el incendio de una mujer dentro de un barril y el asesinato ritual de un pobre niño deforme.

En una reunión del club en 1740, se dice que un siervo derramó una copa en Thomas Whaley, y éste se enfureció tanto por el accidente que roció al siervo con brandi y le prendió fuego. El posterior incendio quemó el edificio y mató a varios miembros del club.

Estos oscuros episodios del pasado, unidos a la actividad paranormal reciente, convirtieron la Casa Killakee en un lugar con una reputación infame en la que la historia, la leyenda y el misterio se entrelazaban de manera inquietante.

En 1970 se descubrió un esqueleto enano enterrado

bajo el suelo de la cocina junto a una estatuilla de bronce de un demonio. Después de dar un entierro adecuado a esos restos, la tranquilidad regresó al lugar y se transformó en un hermoso restaurante, donde un retrato del gato negro de Killakee observa a los comensales. Es un buen lugar para visitarlo en el condado de Dublín, en Killakee Road.

Y otro de esos lugares especiales para gatunos irredentos es el castillo de Belfast, que, aunque se construyó en el siglo XII, fue restaurado y su versión actual data de 1800, siendo propiedad del ayuntamiento.

Según una antigua leyenda, la suerte de los habitantes del castillo dependía de la presencia de un gato blanco en sus muros. Por esta razón, verás gatos blancos representados en mosaicos, pinturas, esculturas y otros adornos en todo el lugar. Hoy en día, los visitantes pueden unirse a la tradición y buscar a los gatos blancos escondidos en el castillo. Nueve de ellos esperan ser encontrados en el impresionante jardín, y un mapa en la recepción te ayudará en esta búsqueda. Esta actividad, llena de misterio y diversión, es especialmente atractiva para los más pequeños.

El gato siguió al ratón y ambos quedaron atrapados en el tubo del órgano de la Iglesia de la Santísima Trinidad de Dublín en 1850. Ahora se exponen al público como gran atracción del templo

Otra historia llama la atención en la catedral de la Santísima Trinidad en Dublín. Esta catedral, junto con la catedral de San Patricio, es uno de los monumentos más visitados en la capital. Se construyó en el siglo XI y presenta un impresionante estilo gótico y normando. Pero hay algo que llama la atención a los visitantes y que los más pequeños buscan en la cripta medieval.

Allí se encuentran los cuerpos momificados de un gato y una rata, unos inusuales compañeros que fueron inmortalizados por el famoso escritor irlandés James Joyce en su obra, y la gente conoce cariñosamente como Tom y Jerry. La historia detrás de estos dos personajes es trágica y se remonta a 1850, cuando el gato Tom, haciendo su impecable trabajo, perseguía al ratón Jerry, y ambos quedaron atrapados en un tubo de órgano. Fueron descubiertos diez años después, ya momificados, y su historia se ha convertido en una parte de la leyenda local.

Lo cierto es que, en Irlanda, los gatos han dejado una profunda huella a lo largo de la historia y siguen haciéndolo en la actualidad. Desde hazañas de gatos como Stevie, una gata ciega que escaló la montaña más alta del país y recaudó fondos para refugios de felinos, hasta divertidas historias en YouTube como la de Daisy y el gato galán que, inasequible al desaliento, busca conquistarla, estas misteriosas criaturas han demostrado ser una parte querida y fascinante de la cultura irlandesa y toda su enigmática vida inspirando a generaciones de amantes de los gatos en todo el mundo.

*Manuscrito del Tratado de los gatos (copia de los Tamra Maew)
custodiado en la Biblioteca Británica donde se muestra la devoción
de los tailandeses por un ser que ha alcanzado la iluminación*

XIII

TAILANDIA. LA SUERTE DE REENCARNARSE EN GATO EN EL SUDESTE ASIÁTICO

El más pequeño felino es una obra maestra.

Leonardo da Vinci

Enclavada en la misteriosa tierra del Sudeste Asiático, Tailandia despliega su esplendor como nación singular. En el corazón de esta nación de maravillas se alza Bangkok, urbe que late con el pulso de la política, el comercio y la industria.

En este rincón del mundo palpitan más de setenta y un millones de almas profundamente religiosas, siguiendo las directrices de las enseñanzas budistas en un 95 % de los casos. Hay una conexión profunda con todo lo que trascienda y un fuerte arraigo en las creencias místicas en un porcentaje amplio de su población.

Hechiceros contratados, números de la suerte o tatuajes protectores: todo es válido en este rincón del mundo para esquivar las garras de la adversidad. Incluso los felinos, esos seres que caminan en la frontera entre dos mundos, se alzan como protectores contra la mala fortuna.

Por eso, antes de nada, es conveniente conocer a tres ilustres gatos, portadores de la esencia tailandesa. Más allá de ser compañeros de momentos serenos, estos mininos podrían ser el pasaporte a la fortuna anhelada o el cerrojazo al mal de ojo de quien nos quiere mal.

El gato khao manee suele ser blanco y tiene los ojos de dos colores

El gato siamés es una raza muy conocida en todo el mundo, pero cuyos orígenes permanecen en la penumbra para muchos. Antes de ser Tailandia, el país era conocido como Reino de Siam, de ahí el nombre que adoptaron los mininos en el extranjero, mientras que en el reino se denominaban «diamante dorado».

Los tailandeses consideran a estos gatos seres puros y sagrados, guardianes de los templos budistas del antiguo reino. Esto los convirtió en una exclusividad de la familia real y en objetos de veneración por parte del pueblo. Cuando un individuo de alto rango fallecía, era habitual colocar un siamés cerca de su cuerpo, pues se creía que el espíritu del difunto se introducía en el gato, convirtiéndolo en guardián del alma. Una vez que el alma estaba establecida, el gato era trasladado a vivir cómodamente en un templo, ya que la tarea de ser protector de espíritus no era una tarea sencilla.

El gato korat es parecido al azul ruso y en Tailandia se suele regalar en pareja para atraer la suerte a los recién casados

El gato *khao manee*, también conocido como «ojo de diamante» debido a su pelaje blanco y a su distintiva heterocromía —un ojo azul y otro verde, amarillo o ámbar—, tiene sus raíces en el Reino de Siam desde al menos el año 1300. Desde siempre se ha creído que este gato atrae la buena suerte y la felicidad, lo que lo convirtió en una raza popular y en la favorita del rey Rama V, quien gobernó Tailandia entre 1873 y 1910. Curiosamente, el palacio real parecía estar más inclinado hacia los gatos que hacia el propio monarca. Rama V logró mantener la independencia de Tailandia como el único país del Sudeste Asiático que no fue colonizado por los europeos y contribuyó al avance de la nación hacia la modernización. ¿Será que estos gatos influyeron en su fortuna y prosperidad?

El tercer ilustre felino es el korat, un gato de ojos verdes y pelaje azulado, comparable al azul ruso. En el idioma tailandés son denominados *si-sawat*, que se traduce como «buena suerte» o «prosperidad». Tradicionalmente, es costumbre regalar una pareja de korats a los recién casados o a personas a las que se tiene en alta estima.

Es esencial comprender que estos gatos se entregan como obsequios para desear buena suerte y no se «compran» como mascotas. En otras palabras, adquirir un korat por afinidad hacia el gato es completamente distinto a regalarlo como un amuleto de fortuna y felicidad. En algunos lugares se celebran ceremonias colocando una gata korat en una jaula para pasearla por el pueblo acompañada de cantos y danzas con el fin de que su maullido invoque la lluvia y garantice cosechas abundantes.

Resulta evidente por qué Tailandia se nos presenta como un país cautivador y hospitalario y, más que eso, cómo destaca por su profunda distinción cultural en comparación con nuestra cotidianidad. Incluso los gatos allí tienen una historia por descubrir, entrelazada inseparablemente con la religión.

Los gatos ocupan un lugar de relevancia en la espiritualidad budista. Para los tailandeses, estos felinos son portadores de serenidad y forjadores de armonía. Se les atribuyen incluso habilidades curativas, especialmente en el ámbito psíquico. Sostienen la creencia de que los gatos irradian una luz especial que les permite conectarse con nuestro subconsciente y alcanzar nuestra esencia más profunda para enfrentar tristezas e inquietudes.

En ciertas órdenes budistas son considerados seres que han alcanzado la iluminación. Desde otras perspectivas, son como pequeños monjes que perpetuamente meditan. Este respeto hacia los felinos se observa en la libertad que tienen para moverse en los santuarios y trepar a las estatuas de Buda.

EL GATO, UN NIVEL ESPIRITUAL SUPERIOR

En verdad, no resulta sorprendente que la figura de estos animales esté estrechamente vinculada al budismo. Tal es la profundidad de esta relación que en Tailandia pervive una hermosa leyenda, que ha resistido el paso del tiempo, elevando a los gatos a un estado de paz y profunda conexión en numerosos templos en todo el ámbito asiático.

En ciertos lugares, persiste la creencia de que, cuando un ser querido fallece, se debe introducir un gato vivo en la cripta y dejar una pequeña abertura. La lógica detrás de esto es que, si la persona fallecida había alcanzado suficiente nivel espiritual en vida, su alma se unirá al cuerpo del gato y residirá en él a lo largo de sus siete vidas, buscando el nivel superior. De este modo, cuando el gato emerge de la cripta, los familiares interpretan que la transferencia ha ocurrido.

Los gatos y los templos están íntimamente ligados en Tailandia e incluso en los tratados se afirma que con un gato al lado se medita mejor, aumenta la concentración y se crea armonía alrededor

Podría ser que la vida del felino tuviera un alcance breve o prolongado, mientras que el ser humano, en compañía del gato, seguiría un sendero espiritual a través de la existencia de este ser. A medida que el gato vivía su vida, el ser humano avanzaba en su propio camino de desarrollo. Cuando el gato finalmente dejaba este mundo, el alma humana estaría lista para elevarse a un nivel superior, lleno de luz.

Curiosidades que no cesen en este territorio de espiritualidad y leyendas, como la que nos lleva a la Biblioteca Nacional de Bangkok, la capital del reino. Este tesoro es conocido como el *Tamra Maew*, traducido como «El libro de los poemas del gato». Aunque se sabe que se crearon varios libros con contenidos diferentes, la mayoría de ellos se han perdido con el tiempo. Uno de estos manuscritos, en los que una tira de papel de morera se pliega en forma de acordeón, se encuentra en la British Library bajo el título *Treatise on Cats* («Tratado sobre gatos»).

Los *Tamra Maew* consisten en una lámina continua que, al desplegarse verticalmente, forma doce pliegos que se dividen en dos por página, sumando un total de veinticuatro. Se cree que los ejemplares que han llegado hasta nuestros días provienen del siglo XVIII, están escritos en tailandés y, lamentablemente, el autor o autores permanecen en el anonimato.

Estos manuscritos reflejaban el profundo respeto que este pueblo siente por los gatos y eran una recopilación de las razas típicas del país. Contenían ilustraciones y descripciones precisas de las características identificativas de cada raza, además de incluir notas sobre su comportamiento, carácter, virtudes, defectos, posibles enfermedades y, sorprendentemente, su potencial psíquico.

Los *Tamra Maew* nos revelan un profundo conocimiento de los felinos y, si se me permite añadir, hasta de su relación con otros planos de existencia. Estos aspectos eran especialmente relevantes en las descripciones, ya que se detallaban meticulosamente los efectos que cada raza podía tener sobre su dueño, como atraer buena suerte, brindar protección contra el mal, curar dolencias o fomentar la armonía.

Por supuesto, destaca la raza de gatos más reconocida, el siamés, cuyos registros iniciales datan del año 1600, pero en los manuscritos se describen detalladamente otras razas de gatos típicas, sumando un total de veintidós razas. Entre ellas se encuentran variedades como el *singha sep* («el león»), de pelaje negro con manchas blancas alrededor de la nariz, boca y cuello; el *thong daeng* («cobrizo»), de color anaranjado, que supuestamente ahuyentaba el mal; el *ninlarat* («zafiro oscuro»), de un profundo negro azabache; y el *saem sawet* («blanco alternado»), con un pelaje negro sobre el cual se extendían trazos blancos por todo el cuerpo, destacando sus brillantes ojos dorados.

MEDITAR BAJO MIRADAS FELINAS

Este profundo conocimiento del alma felina ha dado lugar a multitud de leyendas y, casi todas, se adentran en el terreno espiritual, como ésta de origen budista en la que se cuenta que un gato una vez se quedó profundamente dormido sobre la túnica de Buda. En lugar de perturbar su plácido sueño, Buda decidió cortar un pedazo de la tela alrededor del felino para levantarse sin molestarlo.

A partir de ese momento, según esta leyenda, el gato se convirtió en parte de las meditaciones budistas. El maestro que introdujo al gato en estos encuentros un día falleció. Ante la pregunta de qué hacer a continuación, su sucesor decidió permitir que el gato continuara participando en las clases y meditaciones de budismo zen. La historia se fue extendiendo a los templos de la región y, cuando finalmente el gato también falleció, ya eran muchos los templos que habían adoptado a estos felinos como compañeros en la práctica de la meditación.

Curiosamente, incluso se llegaron a escribir tratados científicos que afirmaban que la presencia del gato aumentaba la concentración y la armonía del ser humano. Así nació la leyenda budista sobre los gatos y su papel en las prácticas espirituales.

Sin embargo, el destino de los gatos daría un giro inesperado. Algún tiempo después el nuevo maestro que asumió el rol de buda resultó ser alérgico a los gatos y el animal tuvo que ser destituido de su posición como acompañante en las meditaciones.

Durante este período comenzaron a ganar popularidad los tratados que enfocaban la importancia del budismo zen sin la necesidad de contar con la presencia de un felino, seguramente para evitar situaciones desesperadas. Pasaron varios siglos antes de que finalmente el gato pudiera recuperar su posición perdida y ser nuevamente bienvenido en el entorno del budismo.

Esta peculiar leyenda budista revela cómo los gatos, a lo largo del tiempo, han sido tanto compañeros de meditación como símbolos de la evolución de las creencias. Así como la historia de los gatos en Tailandia se ha entrelazado con su cultura y religión, estos seres misteriosos han dejado su huella en el corazón de la nación y continúan inspirando fascinación y respeto en todo el mundo.

En Tailandia, la relación especial entre los gatos y la espiritualidad se manifiesta incluso en sus momentos finales. Cuando llega el momento en que un gato cruza el arco iris y se despide de este mundo, se realiza un funeral en su honor. Al igual que con todos los seres, los gatos son incinerados como parte de un ritual que honra su vida.

Esta ceremonia funeraria implica recitar distintas oraciones budistas, un acto de devoción que busca guiar al alma del felino hacia su próximo ciclo de vida. Las cenizas del gato son cuidadosamente colocadas en bolsas, y estas bolsas se depositan en las aguas del río Chao Phraya, un río que desempeña un papel significativo en la cultura y la vida cotidiana de Tailandia.

Como símbolo de pureza, amor y el buen camino a seguir después de la muerte, también se arrojan flores al agua junto con las cenizas. Estas ofrendas reflejan la creencia budista en la reencarnación y la continuidad de la vida. Influidos por la cosmología hindú, los budistas tailandeses creen que, además de la reencarnación como animales o humanos, las almas también pueden pasar miles de años en el cielo o en el infierno, dependiendo del buen o mal karma acumulado.

Con este acto de despedida no sólo se rinde homenaje al gato individual, sino que también se reafirma la conexión profunda entre todos los seres vivos y el flujo constante de energía y espiritualidad en el universo. En este acto, los gatos son recordados no sólo como compañeros leales y miembros de la familia, sino también como seres espirituales que siguen su camino en la rueda de la vida.

Los templos llevan muchos años manteniendo cerca el mágico influjo de los felinos. Es interesante conocer que los gatos siameses, los preferidos, tenían funciones prácticas, ya que se les atribuía el papel de guardianes y alarmas vivientes, alertando a los monjes con sus maullidos ante la presencia de personas extrañas. Esta cualidad los convertía en vigilantes de los lugares sagrados, desempeñando un papel fundamental en la seguridad de los entornos religiosos.

LEYENDAS DE SIAMESES

Los gatos siameses eran considerados extremadamente valiosos y difíciles de obtener. Eran regalos especiales del rey de Siam y se consideraban animales sagrados. Sólo personas de sangre real o sacerdotes tenían el privilegio de ser sus dueños y el robo de un gato real de Siam de la corte real era castigado con la pena de muerte, enfatizando aún más su estatus elevado en la sociedad.

La introducción del siamés en Inglaterra ocurrió cuando el rey de Siam regaló una pareja de siameses al cónsul general británico en Bangkok, Owen Gould. Estos gatos fueron exhibidos en Londres por la hermana de Owen Gould, un año después, en el Palacio de Cristal en 1871. Posteriormente, se presentaron en exposiciones en Estados Unidos a comienzos del siglo XX.

El gato siamés original, con sus características únicas, como los ojos estrábicos y las anillas en la cola, ha inspirado una serie de leyendas que han perdurado a lo largo de los años. Aunque estas características son consideradas faltas en la actualidad, en el pasado fueron tan comunes que se tejieron narrativas alrededor de ellas, contribuyendo aún más a la riqueza de la historia de esta raza felina.

Una de estas leyendas orientales relata que los gatos siameses fueron designados para proteger valiosas ánforas llenas de oro en los templos. Dedicados a su tarea, sus ojos se volvieron estrábicos al fijar la mirada en las ánforas, y su cola, al sostener firmemente las asas, se retorció. Otra historia narra que dos gatos siameses fueron encargados de encontrar una valiosa copa perdida. Cuando uno de ellos la encontró, el otro gato se quedó para custodiarla mientras el primero regresaba con la noticia. La gata de guardia temía que la copa desapareciera nuevamente y apretó su cola alrededor de ella, provocando que se retorciera permanentemente, mientras sus ojos se volvían bizcos al observarla con atención.

Una pareja de gatos siameses importados a Inglaterra desde Tailandia en los años 20, ilustración del libro de 1934 «El gato siamés», de Phil Wade

En otra leyenda se cuenta la historia de una princesa que temía perder sus anillos mientras tomaba baños. Decidió confiarlos a su gato siamés, colocándolos en su cola. Sin embargo, los anillos se cayeron mientras el gato dormía. Para evitar que esto sucediera de nuevo, la princesa ató un nudo en la cola del gato, dejando una marca distintiva en el felino.

Toda la magia que envuelve a estos gatos ha navegado por los mares y se ha asentado en otras tierras, también en la cultura cristiana, con una historia que nos lleva a la época de Noé donde de nuevo se menciona a los gatos.

Se dice que en el arca, Noé tuvo que enfrentarse a un problema debido a la proliferación de ratones, que ponía en peligro las provisiones. Desesperado, pidió ayuda a Dios, quien le indicó que acariciara tres veces la cabeza de un león. El león estornudó y de sus fosas nasales emergió una pareja de gatos que, rápidamente, se ocuparon de controlar la población de ratones y restablecer el equilibrio en el arca. Tal vez éste es el motivo por el que los gatos miran su sombra y ven la de un león.

En última instancia, no es necesario sumergirse en los textos budistas para apreciar la singularidad de los gatos. Sus miradas profundas nos llevan a viajes introspectivos, mientras que sus posturas enigmáticas nos invitan a practicar el yoga de la vida cotidiana. Son verdaderos maestros de la elegancia y el equilibrio, encarnando una presencia majestuosa en nuestro mundo.

Los gatos se han ganado un lugar especial en nuestros corazones, llegando incluso a ser objeto de veneración. Quizás en su interior, recuerdan su estatus como seres divinos desde los días del antiguo Egipto. Y, en lugar de restringir ese sentimiento, lo acogemos con orgullo, ya que han demostrado ser compañeros incalculablemente valiosos en nuestras vidas.

UNA CIUDAD CON NOMBRE DE GATO

Cruzando la frontera tailandesa hacia el territorio malayo, nos adentramos en un país de más de treinta y cuatro millones de habitantes, donde la gente es amable, la comida es una deliciosa fusión de sabores y la vida fluye alegre y sin sobresaltos. Siguiendo el patrón de su vecino del norte, la gran mayoría de la población en Malasia se declara religiosa, siendo el islam la fe predominante. ¿Cómo se manifiesta esta realidad religiosa en relación con nuestros queridos amigos felinos?

Estatua de gato en Kuching

Como mencionamos previamente, el islam es una religión que muestra gran respeto por los gatos, en parte debido a la relación especial que Mahoma, el profeta fundador del islam, tenía con ellos. Las historias de Mahoma y su gato Muezza son conocidas y apreciadas por sus seguidores del islam. Este mismo amor y protección hacia los gatos se refleja en Malasia, donde hay muchas personas que sienten una fuerte devoción hacia estos animales.

De entre todos los lugares de este exótico país destaca la ciudad de Kuching, capital de la región de Sarawak y un punto de entrada importante para los visitantes de la isla de Borneo. El lugar también es conocido como el paraíso de los amantes de los gatos. Algunos sugieren que el nombre de la ciudad proviene de la palabra malaya *kuching*, que significa «gato».

Lo cierto es que de dónde le viene el nombre a la ciudad sigue siendo un misterio. Circulan muchas historias y la más popular sugiere que James Brooke, el gobernante británico que dirigía la ciudad durante su conversión en colonia, señaló un día hacia el asentamiento al otro lado del río y preguntó su nombre. La persona que respondió creyó erróneamente que estaba señalando a un gato que pasaba. Sin embargo, existe una contradicción en esta historia, ya que los malayos que viven en Sarawak se refieren a los gatos como *pusak* en lugar de *kuching*, lo que plantea dudas sobre su veracidad.

Si esta versión te parece un tanto extravagante, hay otras teorías más plausibles. La explicación más probable es que la ciudad podría haber sido originalmente conocida como Cochin-Port, una palabra común en toda la India e Indochina, y de ahí derivar su nombre actual. Antes de la llegada de Brooke, la ciudad de Kuching era conocida simplemente como Sarawak.

De cualquier manera, la ciudad ha adoptado con orgullo la etimología sugerida por su nombre y se ha convertido en un lugar que celebra de manera especial a los gatos. Kuching es un crisol de diversas comunidades, entre ellas malayos, chinos e hindúes, así como de varias comunidades locales. Para cada uno de estos grupos étnicos los gatos tienen un significado especial.

Kuching no está llena de gatos callejeros como en otras partes del mundo. Aquí los gatos están inmortalizados en monumentos, recuerdos, imágenes y otros objetos relacionados con ellos. Un icono destacado es el monumento de un gatito blanco de casi tres metros de altura, situado cerca del Ayuntamiento Sur.

Este gatito viste diferentes atuendos en cada gran festividad, como un chaleco rojo para el Año Nuevo chino, un chaleco verde para Eid-al-Fitr y un disfraz de Santa Claus para Navidad.

El epicentro de la pasión gatuna en Kuching es el Museo de los Gatos, donde se albergan alrededor de 4000 artefactos, incluyendo pinturas, estatuas y curiosas tablas de información sobre los felinos. Sus cuatro galerías acogen una colección diversa y fascinante. Entre los objetos más notables se encuentra un gato egipcio momificado datado entre 3000 y 3500 años a. C. proveniente de Beni Hassan, Egipto. Además, el museo posee el único espécimen disecado conocido del *Felis badia*, el gato más raro del mundo que habita en las junglas de Borneo.

El amor hacia los gatos se refleja en diversos aspectos de la vida cotidiana. Los estudiantes aprenden en el Colegio Internacional de Tecnología Avanzada, conocido como I-CATS, y la estación de radio local lleva el nombre de Cats FM. Incluso en la parte más alta de la ciudad hay una escultura en la que se representan unas escalas de justicia y un gato dorado, flanqueados por cuatro gatos blancos.

Así, en el corazón de Malasia, en la encantadora Kuching, la devoción hacia los gatos se manifiesta de formas únicas y encantadoras, celebrando la misteriosa y apreciada relación entre los humanos y estos seres felinos que han dejado sus huellas en la cultura y el corazón de la gente.

En Malasia, el afecto por los gatos comunes se ha arraigado en las familias mucho antes de la época del sultanato de Malaca. Esta relación especial entre los malasios y los gatos se ha manifestado a lo largo de la historia y las tradiciones. En otras partes del mundo, como en China, Japón y Malasia, cada país ha tejido su propia red de leyendas y creencias en torno a estos misteriosos y adorables felinos. Por ejemplo, en las minas de estaño, los gatos no pueden entrar debido a la creencia de que traerían mala suerte a los mineros. A pesar de estas particularidades, los malasios en general creen firmemente que los gatos son guardianes y protectores de los hogares.

Ahora bien, Malasia ha demostrado su profundo aprecio por los gatos de una manera inusual y lujosa. El país ha inaugurado un hotel de cinco estrellas exclusivamente diseñado para gatos, resolviendo así el dilema de muchos viajeros sobre dónde dejar a sus queridas mascotas durante sus ausencias. Este innovador hotel se encuentra en las afueras de Kuala Lumpur y no sólo ofrece alojamiento, sino también una amplia gama de servicios, desde aseo hasta juegos, peluquería y citas para los machos con gatas en celo; Catzonia ha creado un catálogo de experiencias pensando en los clientes más exigentes.

Con treinta y cinco habitaciones con aire acondicionado y cuatro categorías diferentes, incluida la categoría VVIC (*very, very important cat*), este hotel atiende a las necesidades y deseos de los dueños de gatos. La *suite* más lujosa, la VVIC, cuenta con tres camas, miniparques infantiles y comidas *gourmet* servidas tres veces al día. En general, los malasios están convencidos de que los gatos protegen los hogares y, como en todas partes, estas misteriosas y adorables criaturas se han convertido en algo más que simples mascotas: son guardianes y símbolos de buena fortuna.

En cada ronroneo, en cada mirada enigmática, y en cada juego travieso, los gatos nos recuerdan su naturaleza misteriosa y su conexión con lo divino. Son guardianes de secretos antiguos y testigos de innumerables historias. Nuestro respeto y amor por ellos trascienden las fronteras culturales y religiosas, porque los gatos han tejido sus huellas en la tela misma de la humanidad. Y así, con una mezcla de devoción y admiración, continuamos compartiendo nuestras vidas con estos seres mágicos.

Gatos en el monasterio de San Nicolas en la isla de Chipre

XIV

CHIPRE.
9500 AÑOS DE AMOR
ENTRE GATOS Y HUMANOS

*En medio de un mundo que siempre había estado un
poco loco, el gato camina con confianza.*

Rosanne Amberson

En la preciosa isla de Chipre, donde la historia se funde
con la belleza del Mediterráneo, los gatos también tienen
una narrativa propia, llena de encanto y misterio, que ha
perdurado hasta nuestros días.

Se dice que los gatos han caminado por las piedras
desgastadas de los templos antiguos, donde los dioses eran
adorados con reverencia. En la antigua ciudad de Kition,
en el actual Larnaca, se han encontrado inscripciones que
representan a gatos en posiciones de relevancia, lo que
sugiere que estos animales eran apreciados en la sociedad
chipriota hace milenios.

En los callejones estrechos de las aldeas observamos sus ojos curiosos y sus andares elegantes mientras merodean seguros de guardar todos los secretos de la isla. Son confidentes silenciosos de los ancianos y testigos imperturbables de la vida cotidiana que transcurre pausadamente.

En los bodegones y tabernas, los gatos despliegan toda su seducción entre las mesas, buscando la indulgencia de los comensales. Algunos sostienen que la presencia de un gato en un restaurante es un buen augurio, un signo de buena comida y compañía agradable.

Los gatos saben que los adoran y saben que su presencia, su pelaje moteado y sus voces suaves añaden un toque de misterio y magia a la isla. Dicen que estos felinos poseen la sabiduría de los antiguos, que conocen los lugares donde se ocultan los tesoros perdidos y que a menudo eligen a quiénes brindar su compañía con discernimiento.

Todo empezó, cuenta la leyenda, en el siglo IV, cuando un grupo de estos aguerridos ratoneros, descendientes de una partida muy especial, llegaron a la isla de la mano de santa Elena, la madre del ilustre Constantino el Grande.

CAZADORES DE SERPIENTES

La historia nos transporta a un tiempo de sequías implacables que obligaron a la mayoría de los habitantes a abandonar el lugar. Pero santa Elena, en su sabiduría y devoción, decidió fundar el monasterio de San Nicolás dispuesta a no darse por vencida.

Con lo que no contaba la santa era con que aquella isla, en aquella época, estaba infestada de serpientes venenosas. Su solución fue única y épica: importar una nave llena de gatos de Egipto y Palestina, cuyo propósito sería librar a los moradores presentes y futuros de esos reptiles malévolos.

Así comenzó una asociación entre los monjes y los gatos que duraría siglos. Cada día, al amanecer y al anochecer, los monjes tocaban una campana y los felinos acudían a recibir su ración de comida para coger fuerzas y salir a cazar. La imagen de estos valientes gatos luchando contra serpientes venenosas se convirtió en una escena común en el monasterio.

El monasterio de San Nicolás, fundado en el año 327, prosperó, y los monjes cuidaron de los gatos con enorme devoción, agradecidos por su presencia. Años después, un viajero veneciano llamado Francesco Suriano dejó constancia de esta curiosa asociación en sus escritos en 1484: «Es maravilloso verlos, pues casi todos han sido heridos por las serpientes: uno ha perdido la nariz; otro, una oreja; y otro más, un ojo, o peor aún, ambos. Es harto extraño ver que, a la hora de su comida, al oír una campana, se reúnen ante el monasterio, y al volver a sonar la campana, cuando han comido bastante, todos se alejan para luchar contra las serpientes».

El monasterio de San Nicolas fue fundado por santa Elena en la isla de Chipre, infestada de serpientes, y fueron los gatos los que la hicieron habitable por humanos. Hoy en la isla hay más felinos que personas. Grabado del diario de viaje de Kristof Harant, 1608

Años después, en 1573, el padre Stephen de Lusignan escribió en *Corografía y breve historia de la isla de Chipre* que las tierras colindantes pasaron a ser propiedad del monasterio con la condición de que los monjes alimentaran siempre a cien gatos.

Sin embargo, los tiempos cambian y también la vida de los felinos, que ya han pasado por etapas de sombras y luces muchas veces. Durante la invasión otomana de finales del siglo XVI, el monasterio fue destruido, y los gatos, que habían vivido una existencia tranquila amparados por la comunidad, tuvieron que buscar su propia subsistencia.

En 1983 el monasterio renació gracias a seis monjas que decidieron revivir esta antigua tradición. Aunque los gatos ya no necesitan cazar serpientes, han encontrado un hogar en sus patios y jardines, pero el Gobierno chipriota, que tutela el convento, no presta suficientes recursos a las religiosas. Los felinos sobreviven gracias a las donaciones de viajeros y los devotos locales, que siempre hay. El gato chipriota, aunque no ostente el título de raza oficial, es un símbolo de su tierra.

Gato afrodita estirándose

Estos felinos, más que guardianes de antiguos mitos, podrían ser los más ancianos compañeros domésticos de la humanidad. Un descubrimiento en el año 2004, dirigido por arqueólogos franceses bajo la dirección de Jean-Denis Vigne, arrojó luz sobre su antiquísimo origen.

En el yacimiento neolítico precerámico de Shillourokambos, que se remonta a los albores del noveno milenio antes de Cristo, se encontraron los restos de un gato de apenas ocho meses, yaciendo junto a su dueño. Este hallazgo desafiaba la creencia prevaleciente de que los felinos habían sido domesticados en las tierras del antiguo Egipto, donde también se les rendía culto. Las representaciones de gatos domésticos datadas en 3600 años de antigüedad parecían corroborar esta teoría. Sin embargo, este gato chipriota y su fiel amo compartieron su último descanso hace 9500 años, alterando profundamente nuestra comprensión de la relación entre humanos y felinos.

Gato santa Elena

Los huesos del gato revelaron un ejemplar de considerable tamaño, que guardaba un sorprendente parecido con el *Felis silvestris lybica*, también conocido como el «gato salvaje africano». Así, el gato chipriota vuelve a sumergirnos en el misterio felino al presentarse como un testimonio de la convivencia temprana entre estos animales y nuestra especie, un lazo que se ha mantenido a lo largo de los milenios en la apacible isla de Chipre.

GATOS Y POLÍTICA

En la tierra de Chipre florecen dos nobles linajes de gatos. Sin embargo, la historia de estas criaturas no está exenta de intriga y tensiones, un conflicto que hunde sus raíces en la propia historia de las relaciones entre turcochipriotas y grecochipriotas.

En la década de 2010 se desató una tormentosa polémica en torno a una noble raza felina conocida como afrodita, un magnífico espécimen caracterizado por su impresionante estatura y su gentil naturaleza. Como era de esperar, la Sociedad Chipriota Felina (CFS) se esforzaba por reconocer estas razas como patrimonio nacional, pero los turcochipriotas también tenían interés y reclamaron esta raza como propia, lo que enfureció a los grecochipriotas, que habían cosechado triunfos en el extranjero con esta distinguida estirpe.

La Asociación Felina de Chipre (ASFC) mostró su preocupación acerca de cruces de esta raza con otras razas autóctonas de Turquía a mano de los turcos y que éstos las registraran como creaciones propias, perjudicando así la integridad de la raza original.

En medio de este conflicto, la sociedad tomó una valiente iniciativa para detener los esfuerzos de quienes quisieran alterar la pureza de la estirpe de los gatos chipriotas.

El arzobispo de Chipre, Crisóstomo II, expresó su posición a través de su portavoz, dejando claro su compromiso con estas razas que se entrelazan con la historia y la tradición de su amado país. La Iglesia, custodia de la fe y la cultura, no escatimaría en apoyar cualquier esfuerzo en defensa del linaje de sus gatos.

En este rincón de la tierra mediterránea hay dos nobles linajes que buscan preservar. Por un lado, el majestuoso *aphrodite giant*, considerado por muchos como la raza de gato doméstico más antigua del mundo y que sorprende con unas patas traseras extraordinariamente largas e ideales para conquistar terrenos montañosos. Son grandes, fuertes y musculosos, de cuerpo alargado, orejas puntiagudas y un cráneo triangular, aunque su grandeza sólo se manifiesta completamente cuando alcanzan la madurez a los tres años. Su reconocimiento oficial por la WCF llegó en el año 2012.

En contraste, encontramos a los encantadores ejemplares de Santa Elena, de menor estatura y con orejas de base más ancha. Ambas razas, sin la influencia del ser humano, se mantienen puras en su linaje, testigos silenciosos de la rica herencia que comparten con la isla de Chipre.

UNA SUPERPOBLACIÓN
DIEZMADA POR UN VIRUS

Al alba se suele ver un camposanto donde los gatos emergen sigilosamente entre las lápidas cuando llega el desayuno que innumerables almas bondadosas llevan hasta ellos. Luego llegará el turno de los otros gatos de Nicosia y el resto de la isla.

No existe un censo oficial, pero según las asociaciones de animales hay, al menos, los mismos gatos que personas, es decir, un millón. Una cifra elevadísima que no desciende porque con frecuencia abandonan una multitud de gatos sin esterilizar ni castrar, lo que se traduce en una oleada de crías cada año. Los santuarios felinos intentan luchar contra esta superpoblación, pero no dan más de sí.

Pero en el 2023 una sombra siniestra se cernió sobre la población de gatos callejeros cuando una maligna mutación de un coronavirus felino, la peritonitis infecciosa PIF, se convirtió en una seria amenaza para todas las colonias. Como un espectro que se arrastra sigilosamente, ha segado la vida de innumerables felinos, dejando un rastro de desolación en su estela.

Las protectoras lamentan la impactante cifra de 300.000 bajas debido a este virus, nacido de una mutación del coronavirus intestinal, que afecta al 90% de los gatos y que se propagó con una ferocidad alarmante entre estos animales.

Los síntomas de esta plaga felina son la fiebre, la hinchazón abdominal, la debilidad y, en ocasiones, la agresividad. Pero existe una enorme dificultad a la hora de diagnosticar la enfermedad y se necesitan recursos que no se tienen. Es un sombrío escenario para los gatos enfermos que se ocultan en el silencio y se desvanecen, dejando tras de sí muy pocos rastros de su lucha.

Los gatos valientes que llegaron a estas tierras y limpiaron de serpientes sus campos ayudaron a controlar las plagas y supieron estar a la altura de su magnífico instinto de caza no tienen hoy en esta paradisíaca isla mediterránea tratamiento especial. La ingratitud del ser humano se hace patente una vez más.

*La leyenda del Gran Gato Yule cuenta como los niños perezosos se
quedan sin regalos en Navidad, lo que les anima a terminar sus tareas
cuando se acerca la fecha. Ilustración de Arthur Racham de 1920*

XV

EL GRAN HERMANO GATUNO QUE ARRASA EN ISLANDIA

*Si uno mira un gato a los ojos, percibe una historia
que atesora como un secreto en su interior.*

Julio Cortázar

Islandia es una isla situada en el Atlántico, entre Noruega y Groenlandia, con una población de 350.000 habitantes, similar a la que tiene La Rioja y con unos inviernos fríos donde los termómetros apenas suben de los cero grados. Quizás por ese motivo en Islandia los perros no son la primera opción y apenas superan los 2000 ejemplares en Reikiavik, la capital, donde se concentra un tercio de la población.

Al parecer, antiguamente estaba prohibido tener un perro en el centro de la ciudad porque se los consideraba animales de granja. No hay datos de la población felina, pero es mucho más numerosa, porque siempre se permitió a los habitantes de las ciudades tener gatos. En islandés, «gato» se dice *köttur* y, más cariñosamente, *kisi* o *kisa*.

Aunque Islandia es un lugar muy seguro y donde los bigotudos disfrutan, hay que olvidarse de visitarlo con nuestro gato. Los requisitos para lograr un pasaporte para nuestras mascotas son muy estrictos. Primero, y ahí ya se nos acabaron las vacaciones, la ley indica que tienen que pasar una cuarentena antes de entrar en la isla. Además de llevar un chip compatible y la vacuna de la rabia puesta el año anterior a la llegada al país, hay que presentar un certificado de salud islandés, es decir, emitido por un veterinario islandés. Se nos va de presupuesto.

Los visitantes de Islandia se sorprenden cuando se acercan a un supermercado y encuentran que la comida de los gatos está al lado de la de los niños. No se confunden porque saben que la etiqueta verde es de ellos, pero sí les llama la atención.

Como en muchos sitios, los felinos islandeses son una atracción turística y llaman la atención paseándose elegantes por las calles. Aunque hay algunos gatos callejeros, son pocos, ya que la mayoría tiene su hogar y una gatera que les permite escaparse a investigar, lo que más le gusta a un gato. Si te encuentras con uno observarás que están muy bien alimentados y son muy llamativos. Las razas más habituales en ese lugar del mundo, aparte del gato europeo común, son el azul ruso y el bosque de Noruega, por lo bien que se llevan con los niños.

Todos los gatos con los que te cruces tendrán su collar y su chapa, donde tienen grabado su domicilio y el nombre de su familia humana. De ese modo te indican que no son gatos callejeros y que tienen un hogar. Los datos suelen estar en islandés e inglés, para que nadie se equivoque. No acostumbran a hacer caso a las chuches que les des porque no tienen hambre, pero sí se dejan acariciar y hacer mimos.

En 2017, la web de televisión Nútiminnn estrenó *El gran hermano de los gatitos* con el fin de lograr adopciones para los que no tenían hogar. El programa emitía una serie de videos en directo donde se podía observar la vida de cinco gatitos durante las veinticuatro horas del día. Estaba patrocinado por la Sociedad de Protección de Gatos de Islandia y tenía un buen fin, pero no fue fácil que las entidades de bienestar animal lo aprobaran.

Los gatos son los reyes de internet y aquí volvieron a corroborarlo. El programa se convirtió en viral y la personalidad tan diferente de cada uno de los cinco gatos y sus travesuras cautivaron a los espectadores y saltaron las fronteras.

La web de la televisión nunca antes había recibido tantas visitas ni había tenido seguidores de tantas partes del mundo. Los cinco primeros gatos, dos de los cuales eran completamente negros, no tardaron en ser adoptados. Vivían en una casa de muñecas equipada con cámaras ocultas que nos dieron la oportunidad de confirmar que los gatos, la verdad, están mucho tiempo tumbados sin hacer nada.

El programa se llamó *Keeping up with the Kattarshians*, un título elegido con cierta ironía por inspirarse en el *reality* americano *Keeping up with the Kardashians*.

Imágenes del programa «Keeping up with the Kattarshians»

Los espectadores caían rendidos ante unos gatitos que se meten en bañeras de su tamaño y se suben a lo más alto. Además, desde la página web cada espectador podía seleccionar qué cámara ver en función de los movimientos de los gatetes que tienen sus camas litera, sus sofás y toda una casa para ellos.

Cada día, voluntarios de la Sociedad Protectora de Gatos de Islandia se ocupaban de los mininos, de que vivieran en buenas condiciones higiénicas, no les faltara el agua y la comida y tuvieran contacto con la gente. Esta parte, incluida la socialización con humanos, se tomaba como un tiempo de descanso en la emisión y no podía ser captada por las cámaras.

La gente se preocupa por los gatos y el programa tiene miles de fans en todo el mundo que envían sugerencias y comentan si a su juicio algo no está bien. La creadora del formato, Inga Lind Karlsdóttir, está muy orgullosa de su programa, disponible en *stream online*, ya que atrajo el mayor tráfico de la historia en el sitio web de la cadena de televisión.

Lo cierto es, como ella dice, que todos los días nos levantamos con noticias tristes y terribles, por lo que no es extraño que mucha gente elija sentarse frente a la pantalla a relajarse viendo cómo duermen los gatos. Cuando se ponen juguetones y destrozan todo lo que hay a su alrededor también resultan adorables para los amantes gatunos.

Lo positivo de este proyecto es su trasfondo solidario. Estos gatitos estuvieron en la casa durante tres semanas y luego fueron adoptados por una familia humana que se enamoró de ellos a través de la pantalla. A continuación, otros gatos ocuparon el espacio en esta particular casa de *Gran hermano* con el mismo éxito. Sólo por eso somos muy fans de Islandia.

ACABAR COMO EL GATO EN NAVIDAD

Como en cualquier lugar del mundo, en Islandia también hemos encontrado curiosidades, como un hotel que contrató oficialmente a su primer gato cazador de ratones. En realidad, es una gata con uno de esos nombres islandeses impronunciable que viene a traducirse como «la hija de Daniel». En su momento era una gata estrella a la que sus más de 7000 seguidores preguntaban constantemente.

La *working-cat* nació cerca de Selfos y de ella sabemos que empezaba el día despertando a sus humanos, que salía a la calle sin correa y que siempre que alguien preguntaba por ella en la recepción la llamaban para que atendiera a cualquier cliente.

La gata tiene muchos más seguidores que el hotel, por supuesto.

En Islandia hay cantidad de dichos referidos al gato; algunos son curiosos y otros son muy similares a los que conocemos en nuestro país. Una de las frases que más se utiliza cuando alguien no sabe ir al grano es la de «Dar vueltas como un gato a unas puchas calientes». Muy visual, ¿verdad?

Representación del Gran Gato Yule (Jólakötturinn) como decoración navideña en una plaza de Reykjavík (Foto: Atli Harðarson)

«Acabar como el gato en Navidad» es una expresión propia de alguien que termina con las manos vacías y tiene que ver con un personaje del folclore islandés llamado el Gato de Pascua o Gran Gato Yule, un enorme y feroz felino que devora a los que no han trabajado duro y a los que no tienen una prenda nueva para Nochebuena. Como todos los gatos es muy friolero, así que se pasea las noches de

Navidad buscando casas calientes donde, de paso, cazar a sus presas: los niños que no hacen sus deberes.

Hace muchos años que los agricultores inventaron esta leyenda para incentivar a sus trabajadores en otoño, época en la que se procesa la lana antes de la Navidad. Lo que querían era que acabaran pronto el trabajo y, si lo hacían, les recompensaban con ropa nueva. Los más rezagados y perezosos no sólo no recibían nada, sino que eran devorados.

Todavía hoy hay muchos islandeses que regalan ropa para Navidad porque es tradición estrenar algo en ese tiempo y, claro, porque si no reciben una prenda nueva están corriendo serio peligro de ser devorados.

Sabiendo el frío que se pasa en Islandia, nos resulta de lo más natural que los islandeses prefieran tener un gato en casa que, a fin de cuentas, sale solo.